Handball Praxis 8 – Spielfähigkeit durch Training der Handlungsschnelligkeit
Offene Situationen und komplexe Auswahlreaktionen trainieren

handball-uebungen.de
Trainingseinheiten und Übungen für Ihr Training!

Inhalt

Vorwort

1. Auflage (28.04.2015)
Verlag: DV Concept (handball-uebungen.de)
Autoren: Jörg Madinger, Elke Lackner
ISBN: 978-3-95641-160-1

Handball Praxis 8 – Spielfähigkeit durch Training der Handlungsschnelligkeit
Offene Situationen und komplexe Auswahlreaktionen trainieren

handball-uebungen.de
Trainingseinheiten und Übungen für Ihr Training!

Vorwort

Liebe Leserinnen und Leser,
vielen Dank, dass Sie sich für ein Buch der trainingsunterstützenden Reihe von handball-uebungen.de entschieden haben.

Schnelligkeit im Handball resultiert nicht ausschließlich aus den physischen Fähigkeiten der Spieler, als vielmehr daraus, wie Spieler unter Zeitdruck auf äußere Signal reagieren und mit einer hohen Schnelligkeit gute Entscheidungen treffen und umsetzen. Die vorliegenden Trainingseinheiten zielen speziell darauf, als Reaktion auf unterschiedliche Signale die adäquate Folgehandlung schnellstmöglich auszuführen. In komplexen Übungen, die Handlungsketten mit verschiedenen Signalen kombinieren, wird das Entscheidungsverhalten trainiert. Offene Situationen helfen dabei, vorher nicht festgelegte spielnahe Problemstellungen flexibel und effizient lösen zu lernen.

Folgende Trainingseinheiten sind in diesem Buch enthalten:
TE 1 – Grundlagen zur handballspezifischen Koordination erarbeiten (164) (★★★)

Koordinative Grundlagen sind ein wichtiger Baustein für effektives Handballspiel. Die vorliegende Trainingseinheit verbindet handballspezifische Elemente mit koordinativen Aufgaben. Nach dem Einlaufen wird eine Übung zur Laufkoordination und Reaktion auf Signale durchgeführt. Es folgen ein kleines Spiel, die Ballgewöhnung, bei der es auf das richtige Timing ankommt, Torhüter einwerfen und eine Wurfserie mit koordinativen Zusatzaufgaben. In einem Spiel 1gegen1 muss immer wieder auf äußere Bedingungen reagiert werden, bevor ein Spiel für die ganze Gruppe das Training abschließt.

TE 2 – Verbessern der Schnelligkeit und der Reaktion auf äußere Einflüsse (204) (★★★)

Ziel der Trainingseinheit ist das Verbessern der Schnelligkeit und der Reaktionsgeschwindigkeit auf äußere Einflüsse. Bereits beim Einlaufen werden die Bewegungen auf Kommando schnell gewechselt, im Sprintwettkampf muss auf visuelle Reize reagiert werden. Die Ballgewöhnung dient der Verbesserung der Beobachtung und der Erhöhung der Konzentration. Nach dem Torhüter einwerfen folgen Übungen im 1gegen1 bzw. 2gegen2, in denen für zuvor offene Situationen Lösungen gefunden werden sollen, bevor in einem Abschlussspiel im 4gegen4 das schnelle Umschalten eine große Rolle spielt.

Handball Praxis 8 – Spielfähigkeit durch Training der Handlungsschnelligkeit
Offene Situationen und komplexe Auswahlreaktionen trainieren

handball-uebungen.de
Trainingseinheiten und Übungen für Ihr Training!

TE 3 – Verbesserung der Handlungsschnelligkeit in offenen Situationen (222) (★★★)

Ziel der Trainingseinheit ist das Verbessern der Handlungsschnelligkeit und des Entscheidungsverhaltens. Beim Einlaufen muss schnell auf äußere Signale reagiert und die richtige Handlungsalternative gewählt werden. Nach einem kleinen Spiel und der Ballgewöhnung, trainiert das Torhüter einwerfen die Konzentrationsfähigkeit des Torhüters während der Wurfserien. Im Abschluss folgen eine Wurfserie, eine individuelle und eine Kleingruppenübung, in denen in offenen Situationen das richtige Reagieren auf verschiedene Signale und Spielsituationen gefordert wird, bevor das Training mit einem Abschlussspiel endet.

TE 4 – Verbesserung der Koordinationsfähigkeit und Reaktionsschnelligkeit (230) (★★)

Ziel der Trainingseinheit ist das Verbesserern der koordinativen Fähigkeiten in Verbindung mit der Reaktion auf verschiedene Signale. Nach einer kurzen Erwärmung werden in der Koordinationsleiter verschiedene aufeinander aufbauende Übungen absolviert. Im Anschluss wird eine Koordinationsübung mit Reaktion auf verschiedene Signale zu einem Wettkampf kombiniert. An das Torhüter einwerfen schließen eine Wurfserie und zwei Kleingruppenübungen mit koordinativen Elementen und Reaktion in offenen Situationen an. Ein Abschlusssprint schließt die Trainingseinheit ab.

TE 5 – Verbessern der Handlungsschnelligkeit durch Aktionen und Folgeaktionen (242) (★★★)

Das Verbessern der Handlungsschnelligkeit und der adäquaten Reaktion auf sich ändernde Situationen, ist Ziel der Trainingseinheit. Nach der Erwärmung und einem Sprintwettkampf, wird eine Reaktions-Lauf-Übung mit einer 1gg1-Aktion gekoppelt. Danach folgt eine intensive 1gg1-Übung mit Folgeaktion für Angriff und Abwehr. Das Torhüter einwerfen bereitet eine Wurfserie mit Gegenstoßeinleitung vor, bevor ein Spiel in Kleingruppen und ein Abschlussspiel die Trainingseinheit abschließen.

Beispielgrafik:

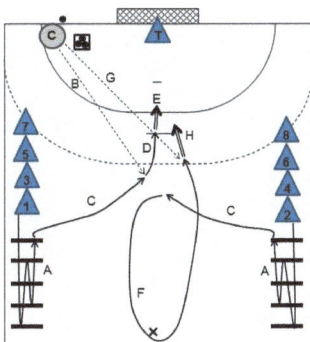

Handball Praxis 8 – Spielfähigkeit durch Training der Handlungsschnelligkeit
Offene Situationen und komplexe Auswahlreaktionen trainieren

handball-uebungen.de
Trainingseinheiten und Übungen für Ihr Training!

1. Kurzer Einblick in die Jahresplanung

Ziele des Trainings

Im **Erwachsenenbereich** wird ein Trainer in der Regel am sportlichen Erfolg (Tabellenplatz) gemessen. Somit richtet sich auch das Training sehr stark nach dem jeweils nächsten Gegner (Saisonziel) aus. Im Vordergrund steht, die Spiele zu gewinnen und die vorhandenen Potentiale optimal einzusetzen.

Im **Jugendbereich** steht die **individuelle Ausbildung** im Vordergrund. Diese ist das erste Ziel, das auch über den sportlichen Erfolg zu setzen ist. Auch sollen die Spieler noch umfassend, d.h. positionsübergreifend ausgebildet werden (keine Positionsspezialisierung, keine Angriffs-/Abwehrspezialisierung).

Jahresplanung

In der Jahresplanung sollten folgende Punkte beachtet werden:
- Wie viele Trainingseinheiten habe ich zur Verfügung (Ferienzeit, Feiertage und den Spielplan mit berücksichtigen)?
- Was möchte ich in diesem Jahr erreichen / verbessern?
- Welche Ziele sollten innerhalb einer Rahmenkonzeption (des Vereins, des Verbands z. Bsp. DHB) erreicht werden? In der Rahmenkonzeption des DHB finden Sie viele Orientierungshilfen für die Themen Abwehrsysteme, individuelle Angriffs-/Abwehrfähigkeiten und dazu, was am Ende welcher Altersstufe erreicht werden sollte.
- Welche Fähigkeiten hat meine Mannschaft (haben meine individuellen Spieler)? Dies sollte immer wieder analysiert und dokumentiert werden, damit ein Soll-/Ist-Vergleich in regelmäßigen Abständen möglich ist.

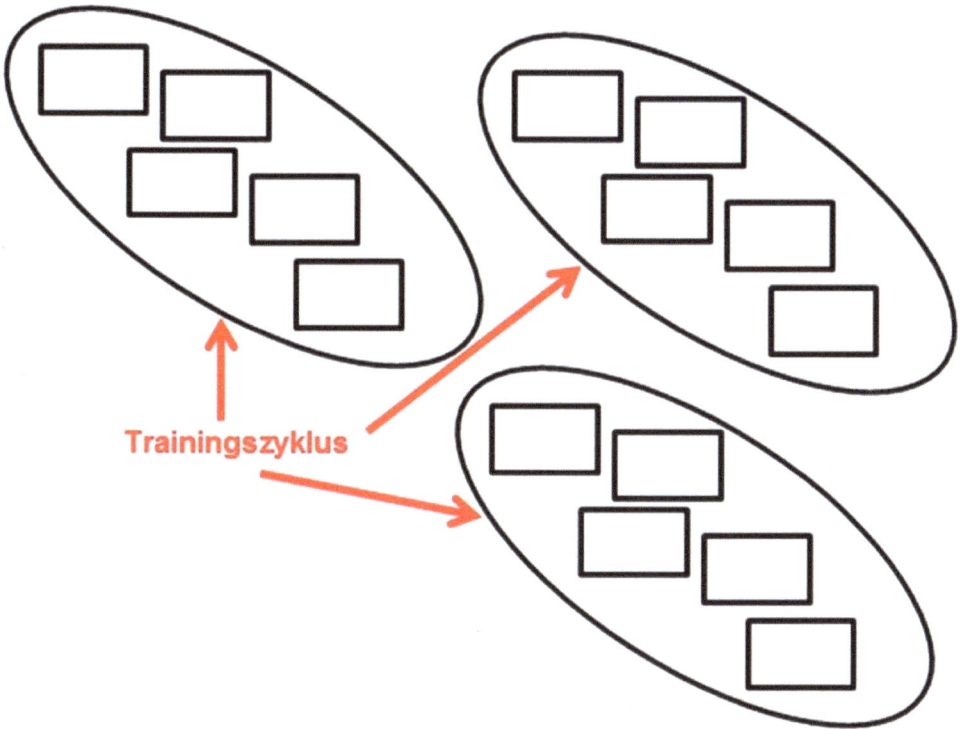

Zerlegung der Jahresplanung in einzelne Zwischenschritte

Grundsätzlich gliedert sich eine Handballsaison in folgende Trainingsphasen:

- Vorbereitungsphase bis zum ersten Spiel: Diese Phase eignet sich besonders zur Verbesserung der konditionellen Fähigkeiten wie der Ausdauer.
- 1. Spielphase bis zu den Weihnachtsferien: Hier sollte die Weihnachtspause mit eingeplant werden.
- 2. Spielphase bis zum Saisonende.

Diese groben Trainingsphasen sollten dann schrittweise verfeinert und einzeln geplant werden:

- Einteilung der Trainingsphasen in einzelne Blöcke mit blockspezifischen Zielen (z.B. Monatsplanung).
- Einteilung in Wochenpläne.
- Planung der einzelnen Trainingseinheiten.

Handball Praxis 8 – Spielfähigkeit durch Training der Handlungsschnelligkeit
Offene Situationen und komplexe Auswahlreaktionen trainieren

handball-uebungen.de
Trainingseinheiten und Übungen für Ihr Training!

Trainingszyklus

Trainingseinheit:
→ Aufwärmen
→ Grundübung
→ Grundspiel
→ Zielspiel

Trainingseinheit:
→ Aufwärmen
→ Grundübung
→ Grundspiel
→ Zielspiel

Trainingseinheit:
→ Aufwärmen
→ Grundübung
→ Grundspiel
→ Zielspiel

Trainingseinheit:
→ Aufwärmen
→ Grundübung
→ Grundspiel
→ Zielspiel

Trainingseinheit:
→ Aufwärmen
→ Grundübung
→ Grundspiel
→ Zielspiel

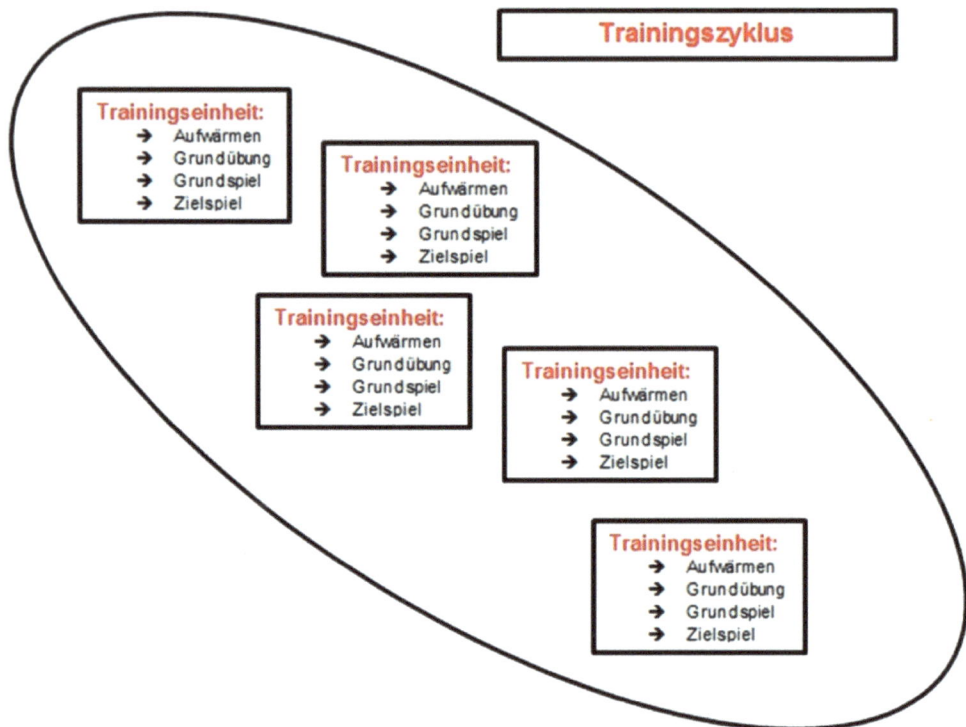

Trainingseinheiten strukturiert aufbauen

Sowohl bei der Jahresplanung als auch bei der Planung der einzelnen Trainingseinheiten sollte eine klare Struktur erkennbar sein:

- Mit Blöcken arbeiten (siehe Monatsplanung): es sollte (gerade im Jugendbereich) über einen Zeitraum am gleichen Thema gearbeitet werden. So können sich Übungen wiederholen und die Abläufe können sich einprägen.
- Jedes Training sollte einen klaren Trainingsschwerpunkt haben. Die Themen sollten innerhalb einer Trainingseinheit nicht gemischt werden, sondern es sollten alle Übungen einem klaren Ziel folgen.
- Die Korrekturen im Training orientieren sich am Schwerpunkt (bei Abwehrtraining wird die Abwehr korrigiert und gelobt).

Handball Praxis 8 – Spielfähigkeit durch Training der Handlungsschnelligkeit
Offene Situationen und komplexe Auswahlreaktionen trainieren

handball-uebungen.de
Trainingseinheiten und Übungen für Ihr Training!

2. Aufbau von Trainingseinheiten

Der Schwerpunkt des Trainings sollte das einzelne Training wie ein roter Faden durchziehen. Dabei in etwa dem folgenden zeitlichen Grundaufbau (Ablauf) folgen:
- ca. 10 (15) Minuten Aufwärmen.
- ca. 20 (30) Minuten Grundübungen (2 bis max. 3 Übungen, plus Torhüter einwerfen).
- ca. 20 (30) Minuten Grundspiel.
- ca. 10 (15) Minuten Zielspiel.

1. Zeit bei 60 Minuten Trainingszeit / 2. Zeit in Klammer bei 90 Minuten Trainingszeit.

Inhalte des Aufwärmens
- Trainingseröffnung: es bietet sich an, das Training mit einem kleinen Ritual (Kreis bilden, sich abklatschen) zu eröffnen und den Spielern kurz die Inhalte und das Ziel der Trainingseinheit vorzustellen.
- Grunderwärmung (leichtes Laufen, Aktivierung des Kreislaufs und des Muskel- und Kochen-Apparats).
- Dehnen/Kräftigen/Mobilisieren (Vorbereitung des Körpers auf die Belastungen des Trainings).
- Kleine Spiele (diese sollten sich bereits am Ziel des Trainings orientieren).

Grundübungen
- Ballgewöhnung (am Ziel des Trainings orientieren).
- Torhüter einwerfen (am Ziel des Trainings orientieren).
- Individuelles Technik- und Taktiktraining.
- Technik- und Taktiktraining in der Kleingruppe.

Grundsätzlich sind bei den Grundübungen die Lauf- und Passwege genau vorgegeben (der Anspruch kann im Laufe der Übung gesteigert und variiert werden).

Hinweise zur Grundübung
- Alle Spieler den Ablauf durchführen lassen (schnelle Wechsel).
- Hohe Anzahl an Wiederholungen.
- Mit Rotation arbeiten oder die Übung auf beiden Seiten gleichzeitig/mit geringer Verzögerung durchführen, damit für die Spieler keine langen Wartezeiten entstehen.
- Individuell arbeiten (1gg1 bis max. 2gg2).
- Eventuell Zusatzaufgaben/Abläufe einbauen (die die Übung komplexer machen).

Handball Praxis 8 – Spielfähigkeit durch Training der Handlungsschnelligkeit
Offene Situationen und komplexe Auswahlreaktionen trainieren

handball-uebungen.de
Trainingseinheiten und Übungen für Ihr Training!

Grundspiel

Das Grundspiel unterscheidet sich von der Grundübung vor allem dadurch, dass jetzt mehrere **Handlungsoptionen** (Entscheidungen) möglich sind und der/die Spieler die jeweils optimale Option erkennen und wählen sollen. Hier wird vor allem das Entscheidungsverhalten trainiert:

- Das zuvor in den Grundübungen erlernte mit **Wettkampfcharakter** durchführen.
- Mit Handlungsalternativen arbeiten – Entscheidungsverhalten schulen.
- Alle Spieler sollen den Ablauf häufig durchführen und verschiedene Entscheidungen ausprobieren.
- In Kleingruppen arbeiten (3gg3 bis max. 4gg4).

Zielspiel

- Das zuvor Geübte wird nun im freien Spiel umgesetzt. Um das Geübte im Spiel zu fördern, kann mit Zusatzpunkten oder Zusatzangriffen im Falle der korrekten Umsetzungen gearbeitet werden.
- Im Zielspiel wird das Gelernte im Team umgesetzt (5gg5, 6gg6).

Je nach den Trainingsinhalten können die zu erreichenden Ziele eine geringe Änderung im zeitlichen Ablauf von Grundübungen und Grundspielen bedingen (z. Bsp. beim Ausdauertraining, bei dem sie durch Ausdauereinheiten ersetzt werden).

Themenvorgaben

- Individuelle Ausbildung der Spieler nach Vorgabe der Trainingsrahmenkonzeption (DHB oder vereinseigene Konzeption).
- Taktische Spielsysteme in der Abwehr und im Angriff (altersabhängig):
  - z.B. von der Manndeckung zum 6:0 Abwehrsystem.
  - z.B. vom 1gegen1 zum 6gegen6 mit Auslösehandlungen im Team.

Handball Praxis 8 – Spielfähigkeit durch Training der Handlungsschnelligkeit
Offene Situationen und komplexe Auswahlreaktionen trainieren

handball-uebungen.de
Trainingseinheiten und Übungen für Ihr Training!

Trainingsthema wählen:
➜ Roter Faden

Aufwärmen:

Dauer:
- ca. 10 (15) Minuten

Inhalte:
- „spielerisches Einlaufen"
- Spiele
- Laufkoordination
- (Dehnen und Kräftigung)

Grundübung:

Dauer:
- ca. 20 (30) Minuten

Charakteristik:
- individuell / in der Kleingruppe

Inhalte:
- klare Übungsvorgabe des Ablaufs
- Variationen mit klarer Vorgabe des Ablaufs
- vom Einfachen zum Komplexen
- keine Wartezeit für die Spieler

Grundspiel:

Dauer:
- ca. 20 (30) Minuten

Charakteristik:
- in der Kleingruppe

Inhalte:
- klare Vorgabe des Ablaufs plus Varianten
- Wettkampf

Zielspiel:

Dauer:
- ca. 10 (15) Minuten

Charakteristik:
- Teamplay (Kleingruppe)

Inhalte:
- Freies Spielen mit den Übungen aus der Grundübung und dem Grundspiel
- Wettkampf

Handball Praxis 8 – Spielfähigkeit durch Training der Handlungsschnelligkeit
Offene Situationen und komplexe Auswahlreaktionen trainieren

handball-uebungen.de
Trainingseinheiten und Übungen für Ihr Training!

3. Die Rolle/Aufgaben des Trainers

Ein erfolgreiches Training hängt stark von der Person und dem Verhalten des Trainers ab. Es ist deshalb wichtig, im Training bestimmte Verhaltensregeln zu beachten, um den Erfolg des Trainings zu ermöglichen. Das soziale Verhalten des Trainers bestimmt den Erfolg in einem ebenso großen Maße wie die reine Fachkompetenz.

Der Trainer sollte
- der Mannschaft zu Beginn des Trainings eine kurze Trainingsbeschreibung und die Ziele bekannt geben.
- immer laut und deutlich reden.
- den Ort der Ansprache so wählen, dass alle Spieler die Anweisungen und Korrekturen hören können.
- Fehler erkennen und korrigieren. Beim Korrigieren Hilfestellung geben.
- den Schwerpunkt der Korrekturen auf das Trainingsziel legen.
- individuelle Fortschritte hervorheben und loben (dem Spieler ein positives Gefühl vermitteln).
- fördern und permanent fordern.
- im Training, bei Spielen, aber auch außerhalb der Sporthalle als Vorbild auftreten.
- gut vorbereitet und pünktlich zu Training und Spielen erscheinen.
- in seinem Auftreten immer Vorbild sein.

Handball Praxis 8 – Spielfähigkeit durch Training der Handlungsschnelligkeit
Offene Situationen und komplexe Auswahlreaktionen trainieren

handball-uebungen.de
Trainingseinheiten und Übungen für Ihr Training!

4. Im Buch enthaltene unterschiedliche Übungstypen zur Handlungsschnelligkeit:

4.1. Auf unterschiedliche Signale mit vorgegebener Folgeaktion reagieren

Es gibt mehrere verschiedene Signale innerhalb einer Übung. Jedem Signal ist eine feste Folgeaktion zugeordnet, die absolviert werden muss → Reaktionsübungen ohne Entscheidungsdruck.

Beispielübung:

Ablauf:
- Die Spieler stellen sich im 6-Eck auf (auch möglich: Quadrat oder 8-Eck) und passen sich reihum den Ball (A).
- Ruft der Trainer laut „HOP" wird die Passrichtung geändert (B).
- Ruft der Trainer laut „HIP", wird der Ball zum gegenüberliegenden Spieler gepasst (C). Der angespielte Spieler passt dann in der ursprünglichen Passrichtung weiter.
- Ruft der Trainer „HIPHOP", wird der Ball zum gegenüberliegenden Spieler gepasst (C) und der angespielte Spieler muss bei seinem nächsten Pass die Passrichtung ändern.

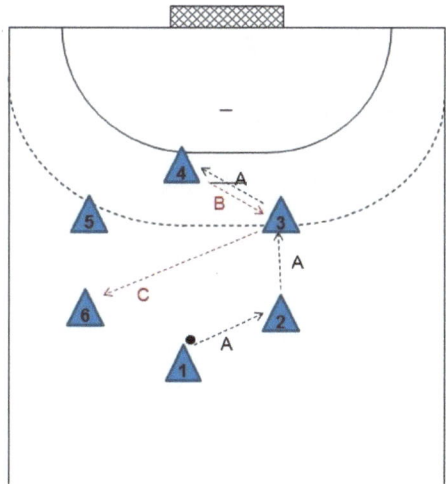

⚠ Die Spieler sollen schnell auf die Rufe reagieren, aber zuvor die Pässe schnell spielen (nicht verzögern in Erwartung eines Ausrufs).

⚠ Die Spieler stoßen beim Passen leicht vor und zurück (sie stehen nicht, sondern bewegen sich beim Passen).

Variationen:
- Zusätzlich zur Passrichtung noch Passvarianten vorgeben: Pässe nach links normal, Pässe nach rechts als Bodenpass, Pässe diagonal im Sprungwurf.

Handball Praxis 8 – Spielfähigkeit durch Training der Handlungsschnelligkeit
Offene Situationen und komplexe Auswahlreaktionen trainieren

handball-uebungen.de
Trainingseinheiten und Übungen für Ihr Training!

4.2. Offene Situationen analysieren und gute Entscheidungen treffen

Zu Beginn steht die Rolle des Spielers (z.B. Angriff oder Abwehr) noch nicht fest. Die Rollenverteilung ergibt sich erst aus dem Ergebnis einer Auftakthandlung → Schulung des Entscheidungsverhaltens unter Zeitdruck.

Beispielübung:

Ablauf:

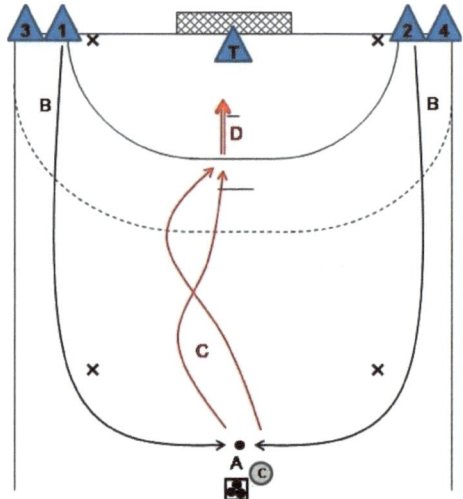

- Der Trainer an der Mittellinie legt einen Ball vor sich auf den Boden und gibt danach das Startsignal für 1 und 2.
- Die beiden sprinten los (B), umlaufen die Hütchen und versuchen, den Ball zu holen.
- Der Spieler, der sich den Ball erkämpft, wird zum Angreifer, der andere zum Verteidiger.
- Der Angreifer versucht, sich im 1 gegen 1 durchzusetzen (C) und mit Torwurf abzuschließen (D).

⚠ Sollte es während der 1 gegen 1 Aktion (C und G) dem Verteidiger gelingen, den Ball zu erkämpfen, wechseln sofort die Aufgaben, der Verteidiger wird zum Angreifer und versucht, zum Torwurf zu kommen.

Handball Praxis 8 – Spielfähigkeit durch Training der Handlungsschnelligkeit
Offene Situationen und komplexe Auswahlreaktionen trainieren

handball-uebungen.de
Trainingseinheiten und Übungen für ihr Training!

4.3. Komplexübungen

In Handlungsketten werden mehrere Aktionen und verschiedene Signale und Abläufe zu komplexen Übungen verknüpft.

Beispielübung:

Ablauf:

- 1 und 2 starten gleichzeitig im Sidestep (Blickrichtung zu-einander) in Richtung Trainer (A).
- Sobald der Trainer den Ball ablegt (B), dürfen beide Spieler diesen erlaufen (C).
- Der Spieler, der den Ball erkämpfen konnte (im Bild 1), wird Angriff, startet Richtung Tor (D) und versucht, mit Wurf abzuschließen.
- Der andere Spieler (im Bild 2) wird Abwehrspieler (E).
- Ruft der Trainer vor erfolgtem Torwurf laut „HOP", ändert sich das Ziel. Der Spieler mit Ball (1) muss jetzt schnell umschalten (F) und versuchen, den Ball hinter der Mittellinie abzulegen.
- Der Abwehrspieler (im Bild 2) versucht, das Ablegen zu verhindern (G).

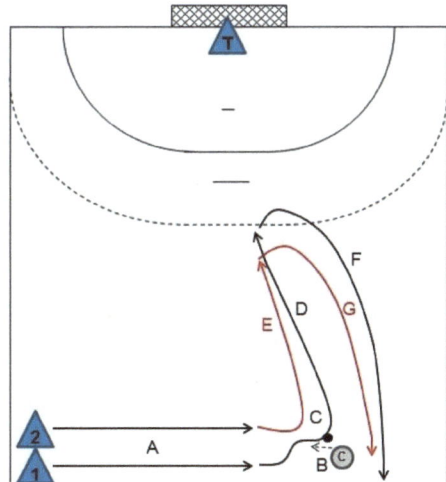

⚠ Nach dem Erkämpfen des Balles, sollen die Spieler mit vollem Tempo die Aktionen Richtung Tor absolvieren – kein Taktieren und Spekulieren auf den Ausruf (Der Trainer kann dies entsprechend steuern).

⚠ Partner in der Zweierübung regelmäßig wechseln.

Handball Praxis 8 – Spielfähigkeit durch Training der Handlungsschnelligkeit
Offene Situationen und komplexe Auswahlreaktionen trainieren

handball-uebungen.de
Trainingseinheiten und Übungen für Ihr Training!

5. Trainingseinheiten

Nr.: 1	Grundlagen zur handballspezifischen Koordination erarbeiten (TE 164)		★★★	90
Startblock		**Hauptblock**		
X	Einlaufen/Dehnen		Angriff / individuell		Sprungkraft	
	Laufübung	X	Angriff / Kleingruppe		Sprintwettkampf	
X	Kleines Spiel		Angriff / Team		Torhüter	
	Koordination	X	Angriff / Wurfserie			
X	Laufkoordination		Abwehr /Individuell		**Schlussblock**	
	Kräftigung		Abwehr / Kleingruppe	X	Abschlussspiel	
X	Ballgewöhnung		Abwehr / Team		Abschlusssprint	
X	Torhüter einwerfen		Athletiktraining			
			Ausdauertraining			

★: Einfache Anforderung (alle Jugend-Aktivenmannschaften) | ★ ★: Mittlere Anforderung (geeignet ab C-Jugend bis Aktive) | ★ ★ ★: Höhere Anforderung (geeignet ab B-Jugend bis Aktive) | ★ ★ ★ ★: Intensive Anforderung (geeignet für Leistungsbereiche)

Legende:

✗   Hütchen

△1   Angreifer

◯1   Abwehrspieler

▦   Ballkiste

▭   dünne Turnmatte

▬   Pommes (Schaumstoffbalken)

▪▪▪▪   Farbkarten

Benötigt:
➔ 16 Schaumstoffbalken (Pommes), 4 große farbige Karten, 4 dünne Turnmatten, 8 Hütchen, 2 Ballkisten mit ausreichend Bällen

Beschreibung:
Koordinative Grundlagen sind ein wichtiger Baustein für effektives Handballspiel. Die vorliegende Trainingseinheit verbindet handballspezifische Elemente mit koordinativen Aufgaben.
Nach dem Einlaufen wird eine Übung zur Laufkoordination und Reaktion auf Signale durchgeführt. Es folgen ein kleines Spiel, die Ballgewöhnung, bei der es auf das richtige Timing ankommt, Torhüter einwerfen und eine Wurfserie mit koordinativen Zusatzaufgaben. In einem Spiel 1gegen1 muss immer wieder auf äußere Bedingungen reagiert werden, bevor ein Spiel für die ganze Gruppe das Training abschließt.

Insgesamt besteht die Trainingseinheit aus folgenden Schwerpunkten
- Einlaufen/Dehnen (Einzelübung: 15 Minuten / Trainingsgesamtzeit: 15 Minuten)
- Laufübung (10/25)
- kleines Spiel (10/35)
- Ballgewöhnung (10/45)
- Torhüter einwerfen (10/55)
- Angriff/Wurfserie (15/65)
- Angriff/Kleingruppe (15/80)
- Abschlussspiel (10/90)

Gesamtzeit der Trainingseinheit: 90 Min.

Handball Praxis 8 – Spielfähigkeit durch Training der Handlungsschnelligkeit
Offene Situationen und komplexe Auswahlreaktionen trainieren

handball-uebungen.de
Trainingseinheiten und Übungen für Ihr Training!

Nr.: 1-1	Einlaufen/Dehnen	15	15

Ablauf:

- Jeder Spieler hat einen Ball.
- Die Spieler laufen durcheinander und werfen ihren Ball immer wieder 2-3 Meter nach oben und fangen ihn wieder:
    - In der erste Runde versuchen sie, den Ball möglichst früh zu fangen und an den Körper heranzuziehen.
    - In der zweiten Runde versuchen sie, den Ball möglichst spät zu fangen, kurz bevor er den Boden berührt.
    - In der dritten Runde fangen sie den Ball im Sprung und landen beidbeinig.
    - In der vierten Runde fangen sie den Ball im Sprung und landen auf dem linken Bein.
    - In der fünften Runde fangen sie den Ball im Sprung und landen auf dem rechten Bein.
- Je Runde ca. 2-3 Minuten.

- Gemeinsam in der Gruppe dehnen.

Handball Praxis 8 – Spielfähigkeit durch Training der Handlungsschnelligkeit
Offene Situationen und komplexe Auswahlreaktionen trainieren

handball-uebungen.de
Trainingseinheiten und Übungen für Ihr Training!

Nr.: 1-2	Laufübung	10	25

Aufbau:

- Zwei parallele Reihen von Schaumstoffbalken (alternativ Koordinationsleiter) auslegen.

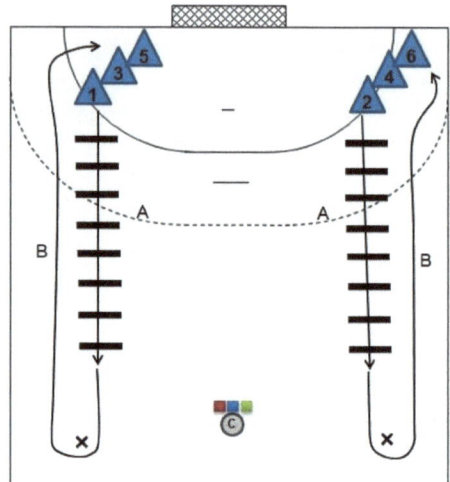

Ablauf:

- ▲1 und ▲2 starten gleichzeitig in die Balken und durchlaufen sie nach Vorgabe (A).
- Nach den Balken ziehen sie einen kurzen Sprint bis zum Hütchen an, umlaufen es und stellen sich wieder an (B).
- Sobald ▲1 und ▲2 die Balken verlassen haben, starten ▲3 und ▲4 mit dem gleichen Ablauf usw.

Vorgaben in den Balken:

- Durchlaufen mit einem Kontakt je Zwischenraum (linker Fuß im ersten Zwischenraum, rechter Fuß im zweiten usw. li—re—li—re).
- Durchlaufen mit zwei Kontakten je Zwischenraum (li-re—li-re—li-re usw.).
- Durchlaufen mit drei Kontakten je Zwischenraum (li-re-li—re-li-re—li-re-li usw.).
- Der Trainer hebt eine farbige Karte hoch, die jeweils für eine der drei Laufvarianten steht (z. Bsp.: rot = 1 Kontakt, blau = 2 Kontakte, grün = 3 Kontakte. Die Spieler laufen entsprechend der gezeigten Farbe und wechseln während des Ablaufs, sobald der Trainer eine andere Farbe hochhält.

⚠ Auf saubere Beinarbeit und korrekte Ausführung achten.

⚠ Die Spieler sollen vor allem sauber arbeiten und dann langsam die Geschwindigkeit steigern.

⚠ Der Rhythmus soll beim Laufen möglichst gleichmäßig sein (gleiche Schrittgeschwindigkeit beim Wechsel des Zwischenraums und beim Schritt innerhalb eines Zwischenraums).

Handball Praxis 8 – Spielfähigkeit durch Training der Handlungsschnelligkeit
Offene Situationen und komplexe Auswahlreaktionen trainieren

handball-uebungen.de
Trainingseinheiten und Übungen für Ihr Training!

Nr.: 1-3	kleines Spiel	10	35

Aufbau:

- 4 Matten an den Ecken des Spielfeldes auslegen (so, dass sie auch hinterlaufen werden können).

Ablauf:

- Die Mannschaft in Ballbesitz versucht, durch schnelle Pässe (A und B) und geschicktes Laufen einen Punkt zu erzielen.
- Ein Punkt ist erzielt, wenn ein Spieler auf der Matte angespielt wird (C), der auf dem Rücken eines Mitspielers sitzt (Huckepack/ „Turm").
- Eine Mannschaft kann mehrere Punkte hintereinander erzielen, allerdings nicht zweimal hintereinander auf der gleichen Matte.
- Die andere Mannschaft versucht, die Bälle abzufangen und dann ihrerseits Punkte zu erzielen. Sie darf die Matten nicht betreten.

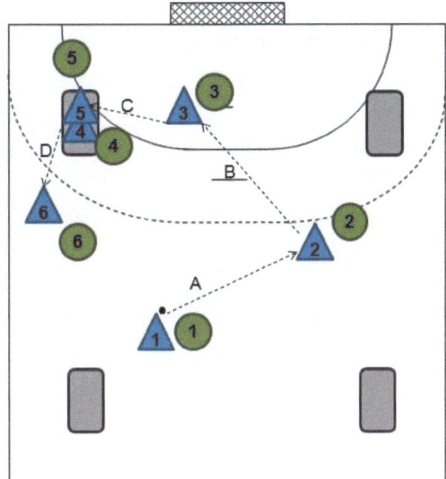

Variation:

- Ein Punkt wird nur erzielt, wenn der Spieler auf der Matte angespielt wird (auf dem Rücken des Mitspielers) (C) und er den Ball dann einem Mitspieler passt (D).

⚠ Die Spieler müssen geschickt laufen und zusammenarbeiten, um einen „Turm" zu bilden und einen Punkt zu erzielen.

Handball Praxis 8 – Spielfähigkeit durch Training der Handlungsschnelligkeit
Offene Situationen und komplexe Auswahlreaktionen trainieren

handball-uebungen.de
Trainingseinheiten und Übungen für Ihr Training!

Nr.: 1-4	Ballgewöhnung	10	45

Aufbau:

- 2 parallele Reihen aus 4 Hütchen bilden.

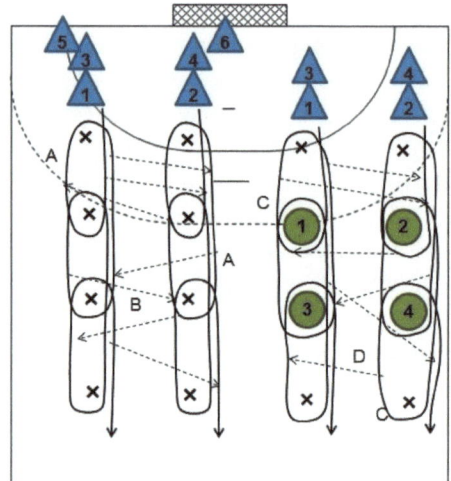

Ablauf 1 (A und B):

- **1** und **2** starten gleichzeitig und absolvieren den folgenden Laufweg (A):
  - o Um das zweite Hütchen herum, zurück und um das erste.
  - o Um das dritte Hütchen herum, zurück und um das zweite.
  - o Um das vierte Hütchen herum, zurück und um das dritte.
  - o Geradeaus am vierten vorbei.
- Dabei passen sich **1** und **2** fortlaufend einen Ball.
- Wenn **1** und **2** rückwärts um das zweite Hütchen herum sind, beginnen **3** und **4** usw.

Ablauf 2 (C und D):

- Zwei Hütchen werden durch Abwehrspieler ersetzt, die versuchen, die Pässe mit dem Armen abzufangen (die Beine bleiben stehen).
- Pass- und Laufweg bleiben identisch.

⚠ Auf Einhaltung der Schrittregel und der 3-Sekunden-Regel achten.

⚠ Die Spieler müssten geschickt laufen und sich so anbieten, dass der Partner nach drei Schritten den Pass spielen kann.

⚠ Abwehr in Ablauf 2 regelmäßig wechseln.

Handball Praxis 8 – Spielfähigkeit durch Training der Handlungsschnelligkeit
Offene Situationen und komplexe Auswahlreaktionen trainieren

handball-uebungen.de
Trainingseinheiten und Übungen für Ihr Training!

Nr.: 1-5	Torhüter einwerfen	10	55

Ablauf:

- ▲1 wirft den Ball im Bogen nach vorne (A), läuft anschließend hinterher und fängt den Ball wieder (B) (möglichst direkt aus der Luft, ohne dass der Ball vorher aufprellt).

- Sofort mit dem nächsten Schritt wirft ▲1 nach Vorgabe (Hände, hoch, tief, frei) nach links (C).

- Sobald ▲1 seinen Ball gefangen hat, startet ▲2, wirft seinen Ball im Bogen nach vorne (D), läuft nach, fängt den Ball (E) und wirft auf dem nächsten Schritt nach Vorgabe nach rechts (F).

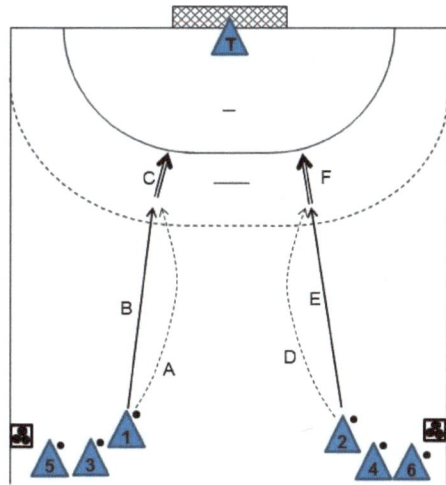

- Usw.

⚠ Die Spieler sollen sich an die optimale Balllänge bei der Vorlage herantasten.

Handball Praxis 8 – Spielfähigkeit durch Training der Handlungsschnelligkeit
Offene Situationen und komplexe Auswahlreaktionen trainieren

handball-uebungen.de
Trainingseinheiten und Übungen für Ihr Training!

| Nr.: 1-6 | Angriff / Wurfserie | 10 | 65 |

Ablauf 1:

- **1** und **2** stehen auf der Matte mit den Füßen schulterbreit auseinander.

- **3** wirft seinen Ball über **1** (A), kriecht zwischen den Beinen von **1** hindurch und fängt seinen Ball (B).

- Anschließend prellt **3** Richtung Tor (C) und wirft (D).

- Während des Anlaufens (C), zeigt der Trainer eine farbige Karte, die anzeigt, in welches Eck **3** wirft (z. Bsp.: grün = rechts tief, blau = rechts hoch, rot = links tief, orange = links hoch).

- Wenn **3** wirft (D), startet **4** mit dem gleichen Ablauf (E – H) auf der anderen Seite usw.

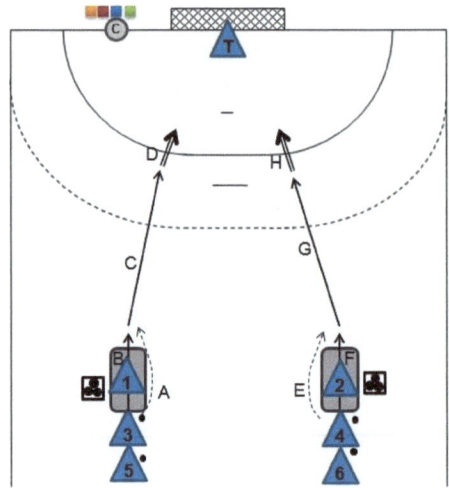

Variation auf der Matte:

- **1** und **2** beugen sich auf der Matte nach vorne und stützen die Arme auf die Knie.

- **3** wirft über **1** (A) springt über **1** und fängt seinen Ball. (B) -> Bocksprung.

⚠ Der Ball soll nach dem Durchkriechen bzw. dem Bocksprung nach Möglichkeit direkt aus der Luft gefangen werden.

⚠ Die Spieler sollen auch nach einem Fehlversuch den Ball schnell sichern und noch auf das Tor werfen (entsprechend der gezeigten Karte).

⚠ **1** und **2** regelmäßig tauschen.

Handball Praxis 8 – Spielfähigkeit durch Training der Handlungsschnelligkeit
Offene Situationen und komplexe Auswahlreaktionen trainieren

handball-uebungen.de
Trainingseinheiten und Übungen für Ihr Training!

Nr.: 1-7	Angriff / Kleingruppe	15	80

Aufbau:

- Zwei Reihen von Schaumstoffbalken auslegen (siehe Bild).

Ablauf:

- Der Trainer legt einen Ball vor sich ab.

- Auf Kommando starten **1** und **2** gleichzeitig in die Schaumstoffbalken und durchlaufen sie (A); je nachdem, welche Farbkarte der Trainer zeigt:

  - o Rot: ein Kontakt je Zwischenraum.
  - o Blau: zwei Kontakte je Zwischenraum.
  - o Grün: drei Kontakte je Zwischenraum.

- Sind **1** und **2** am Ende der Balken angekommen, laufen sie entsprechend der Vorgabe rückwärts zurück und ggfs. wieder vor (B).

- Hält der Trainer keine Karte mehr hoch, ich das das Zeichen für **1** und **2**, aus den Balken heraus zu sprinten und sich den Ball zu sichern. Im Bild gelingt dies **1** (C).

- **1** prellt mit Ball auf das Tor (D) und versucht, mit Wurf abzuschließen (F), **2** versucht, den Ball abzufangen und seinerseits auf das Tor zu werfen (E).

- Ein erfolgreicher Wurf gibt einen Punkt.

- Sofort nach dem Wurf oder nach Unterbinden der Aktion, hält der Trainer wieder eine Farbkarte nach oben.

- Jede Karte ist einer Linie zugeordnet:

  - o Rot: Torauslinie.
  - o Blau: linke Auslinie.
  - o Grün: rechte Auslinie.

- Beide Spieler sprinten zur angezeigten Linie (im Beispiel wurde BLAU gezeigt) (G) und setzen sich hinter der Linie ab.

- Der Spieler, der zuerst hinter der Linie sitzt, bekommt ebenfalls einen Punkt.

- Der Trainer legt dann einen neuen Ball aus und die nächsten beiden Spieler starten mit dem gleichen Ablauf.

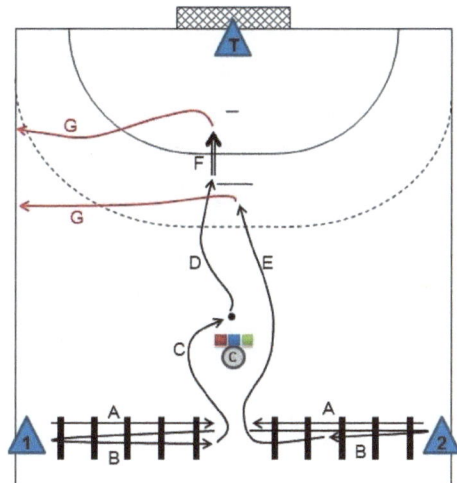

Handball Praxis 8 – Spielfähigkeit durch Training der Handlungsschnelligkeit
Offene Situationen und komplexe Auswahlreaktionen trainieren

handball-uebungen.de
Trainingseinheiten und Übungen für Ihr Training!

⚠ In den Balken auf korrekte Ausführung der Schrittfolge achten. Die Karten ab und zu wechseln, so das die Spieler sich auf einen neue Laufvariante einstellen müssen.

⚠ die Spieler sollen schnell zwischen den Varianten in den Balken und in den Sprint zum Ball umschalten.

⚠ nach Ende der Aktion auf das Tor soll sofort in die zweite Aktion umgeschaltet werden (Sprint zur Linie).

Nr.: 1-8	Abschlussspiel	10	90

Ablauf:
- Zwei Mannschaften bilden, die Handball gegeneinander spielen.
- Ein Tor darf nur von einem Spieler erzielt werden, der „huckepack" auf dem Rücken eines Mitspielers sitzt.
- Ein Tor darf nur durch zwei Spieler verhindert werden, die ebenfalls einen „Turm" gebildet haben, dadurch, dass ein Spieler auf dem Rücken des anderen sitzt.

Handball Praxis 8 – Spielfähigkeit durch Training der Handlungsschnelligkeit
Offene Situationen und komplexe Auswahlreaktionen trainieren

handball-uebungen.de
Trainingseinheiten und Übungen für Ihr Training!

Nr.: 2	Verbessern der Schnelligkeit und der Reaktion auf äußere Einflüsse (TE 204)		★★★	90

Startblock			Hauptblock					
X	Einlaufen/Dehnen		X	Angriff / individuell			Sprungkraft	
	Laufübung		X	Angriff / Kleingruppe		X	Sprintwettkampf	
	Kleines Spiel			Angriff / Team			Torhüter	
	Koordination			Angriff / Wurfserie				
	Laufkoordination			Abwehr /Individuell			**Schlussblock**	
	Kräftigung			Abwehr / Kleingruppe		X	Abschlussspiel	
X	Ballgewöhnung			Abwehr / Team			Abschlusssprint	
X	Torhüter einwerfen			Athletiktraining				
				Ausdauertraining				

★:Einfache Anforderung (alle Jugend-Aktivenmannschaften)	★ ★: Mittlere Anforderung (geeignet ab C-Jugend bis Aktive)	★ ★ ★: Höhere Anforderung (geeignet ab B-Jugend bis Aktive)	★ ★ ★ ★: Intensive Anforderung (geeignet für Leistungsbereiche)

Legende:

✖ Hütchen

△1 Angreifer

◯1 Abwehrspieler

▦ Ballkiste

▬ Farbkarten

Benötigt:
➔ 10 Hütchen, 4 große Farbkarten, Ballkiste mit ausreichend Bällen

Beschreibung:
Ziel der Trainingseinheit ist das Verbessern der Schnelligkeit und der Reaktionsgeschwindigkeit auf äußere Einflüsse. Bereits beim Einlaufen werden die Bewegungen auf Kommando schnell gewechselt, im Sprintwettkampf muss auf visuelle Reize reagiert werden. Die Ballgewöhnung dient der Verbesserung der Beobachtung und der Erhöhung der Konzentration. Nach dem Torhüter einwerfen folgen Übungen im 1gegen1 bzw. 2gegen2, in denen für zuvor offene Situationen Lösungen gefunden werden sollen, bevor in einem Abschlussspiel im 4gegen4 das schnelle Umschalten eine große Rolle spielt.

Insgesamt besteht die Trainingseinheit aus folgenden Schwerpunkten
- Einlaufen/Dehnen (Einzelübung: 15 Minuten / Trainingsgesamtzeit: 15 Minuten)
- kleines Spiel (10/25)
- Ballgewöhnung (15/40)
- Torhüter einwerfen (10/50)
- Angriff/individuell (15/65)
- Angriff/Kleingruppe (15/80)
- Abschlussspiel (10/90)

Gesamtzeit der Trainingseinheit: 90 Min.

Handball Praxis 8 – Spielfähigkeit durch Training der Handlungsschnelligkeit
Offene Situationen und komplexe Auswahlreaktionen trainieren

handball-uebungen.de
Trainingseinheiten und Übungen für Ihr Training!

Nr.: 2-1	Einlaufen/Dehnen	15	15

Aufbau:
- Alle Spieler stellen sich im Kreis mit Abstand 2-3 Meter zueinander auf.

Ablauf 1:
- Die Spieler laufen alle mit Blickrichtung nach rechts (gegen den Uhrzeiger) locker im Kreis hintereinander her (A).
- Dabei macht ein Spieler die Laufbewegung (vorwärts/ Hopserlauf/ Kniehebelauf mit / ohne Armkreisen, Hampelmannbewegungen o.ä.) vor, die anderen Spieler kopieren die Bewegungen.
- Auf Kommando „HOP" des Trainers, drehen alle Spieler um (B) und laufen in die andere Richtung. Der Spieler, der jetzt hinter dem Spieler läuft, der bisher die Laufbewegung vorgegeben hat, bestimmt jetzt die Laufbewegungen.
- Beim nächsten Kommando wird wieder die Laufrichtung geändert, der Spieler, der vor dem bisherigen Laufbewegungsgeber läuft, bestimmt jetzt die Laufbewegung (das Recht, die Laufbewegung zu bestimmen läuft rechts herum – gegen den Uhrzeiger).

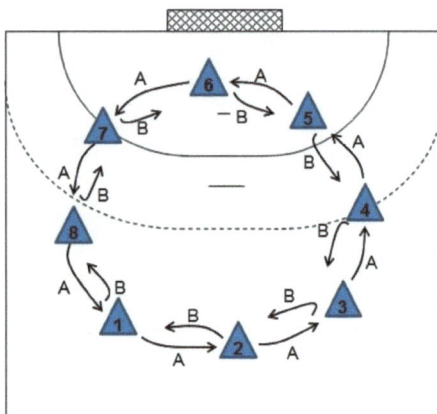

⚠ Die Spieler sollen beim Kommando schnell reagieren und sofort erkennen, wer die Laufbewegungen vorgibt.

Ablauf 2:
- Die Spieler schauen zur Mitte des Kreises und laufen in schnellen Sidesteps zunächst nach rechts.
- Beim Kommando HOP, des Trainers wird die Laufrichtung geändert, -Sidesteps nach links (nicht im Bild).
- Ruft der Trainer „HIP", sprinten die Spieler 2-3 Schritte (D) nach vorne und wechseln danach die Laufrichtung in den Sidesteps.
- Beim Kommando „HAP" laufen die Spieler 2-3 Schritte zurück und

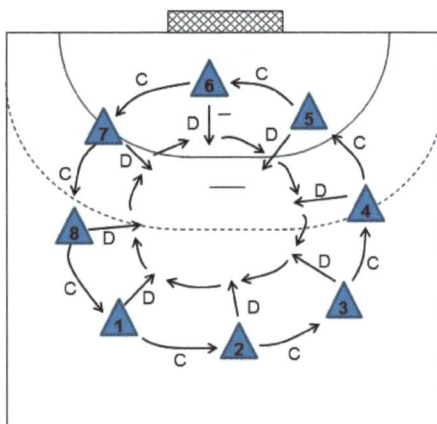

Handball Praxis 8 – Spielfähigkeit durch Training der Handlungsschnelligkeit
Offene Situationen und komplexe Auswahlreaktionen trainieren

handball-uebungen.de
Trainingseinheiten und Übungen für Ihr Training!

wechseln danach die Laufrichtung in den Sidesteps (nicht im Bild).

⚠ Ablauf 2 soll in höchstem Tempo absolviert werden, nach ca. 1 Minute eine kurze Pause machen und danach weitere Durchgänge absolvieren.

Gemeinsam in der Gruppe dehnen.

Nr.: 2-2	Sprintwettkampf	10	25

Aufbau:
- Mit zwei Hütchen die Startlinie markieren.
- Zwei Mannschaften bilden und je Mannschaft vier Hütchen wie im Bild aufstellen.
- Jedem Hütchen wird eine der vier Farben auf den Farbkarten zugeordnet.

Ablauf:
- Der Trainer hebt eine Farbkarte hoch (A).
- Dies ist das Kommando für 1 und 2, zu dem der Farbe entsprechenden Hütchen zu sprinten und es zu berühren (B).
- Der Trainer hebt während des Laufens weitere Farbkarten hoch, die dazu gehörenden Hütchen müssen auch berührt werden (C).
- Lässt der Trainer alle Karten sinken, sprinten die Spieler zurück (D), nachdem sie alle Hütchen abgearbeitet haben.
- Der Spieler, der zuerst hinter der Linie ankommt, gewinnt einen Punkt für die Mannschaft.
- Welche Mannschaft erzielt mehr Punkte?

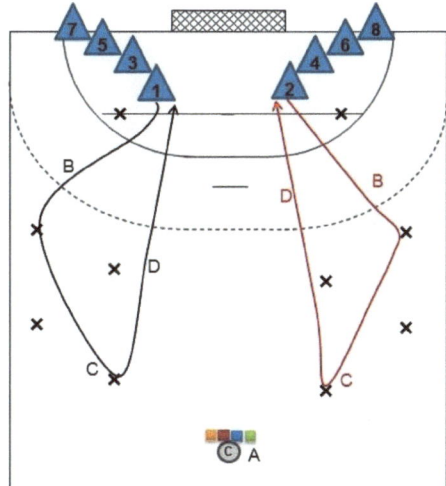

⚠ Die Spieler sollen selbst erkennen, welche Farben gezeigt werden, die anderen Spieler helfen nicht durch Zuruf.

⚠ Die Paare für die Sprints durchtauschen, so dass nicht immer die beiden gleichen Spieler gegeneinander laufen.

Handball Praxis 8 – Spielfähigkeit durch Training der Handlungsschnelligkeit
Offene Situationen und komplexe Auswahlreaktionen trainieren

handball-uebungen.de
Trainingseinheiten und Übungen für Ihr Training!

Nr.: 2-3	Ballgewöhnung	15	40

Aufbau:

- Mit Hütchen die Positionen wie im Bild markieren.
- Hinter jedes Hütchen stellt sich ein Spieler, weitere Spieler stellen sich beim ersten Hütchen an.

Ablauf 1:

- 1 passt zu 2 (A), 2 zu 3 (B), 3 zu 6 (C), 6 zu 5 D, 5 zu 4 (E) und 4 zu 7 (F).
- Dann startet die Passfolge von vorne.
- Jeder Spieler läuft nach seinem Pass auf die Position, zu der er gepasst hat (G).

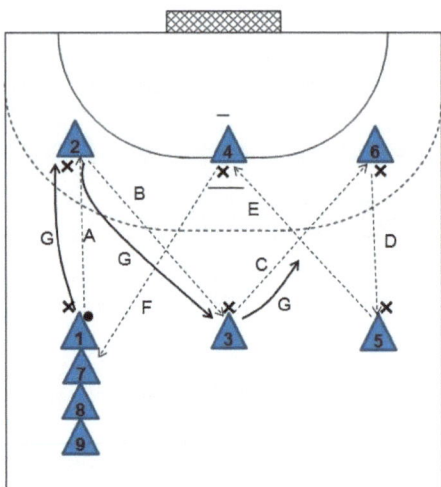

Ablauf 2:

- Der Ablauf aus Ablauf 1 bleibt erhalten.
- Zusätzlich wird ein Spieler (1) zum Abwehrspieler.
- 1 bewegt sich im Feld und stellt immer wieder einen Pass zu (hier den Pass E von 5 zu 4).
- Kann ein Spieler nicht passen, weil 1 den Pass zustellt, passt er statt dessen zur im Passablauf übernächsten Station (5 passt somit zu 1 F) und läuft auch auf diese Position (G).
- Die Spieler müssen somit die komplette Passfolge immer im Kopf haben, um die richtige Passentscheidung zu treffen.

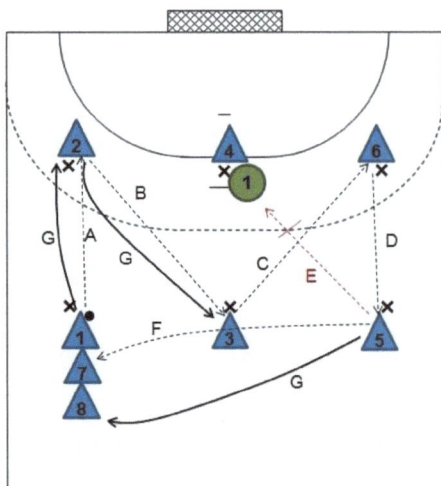

Weitere Variationen:

- Statt einem Abwehrspieler, stellen zwei Abwehrspieler die Passwege zu. So kann es auch dazu kommen, dass zwei Passstationen übersprungen werden müssen.

Handball Praxis 8 – Spielfähigkeit durch Training der Handlungsschnelligkeit
Offene Situationen und komplexe Auswahlreaktionen trainieren

handball-uebungen.de
Trainingseinheiten und Übungen für Ihr Training!

Nr.: 2-4	Torhüter einwerfen	10	50

Aufbau:

- Hütchen wie im Bild aufstellen.

Ablauf 1:

- 1 startet, umläuft prellend die Hütchen im Slalom (A), zieht dann Richtung Tor (B) und wirft zunächst auf die Hände (C).

- Etwas zeitversetzt startet 2 mit dem gleichen Ablauf (D, E und F), so dass für den Torhüter ein Rhythmus entsteht.

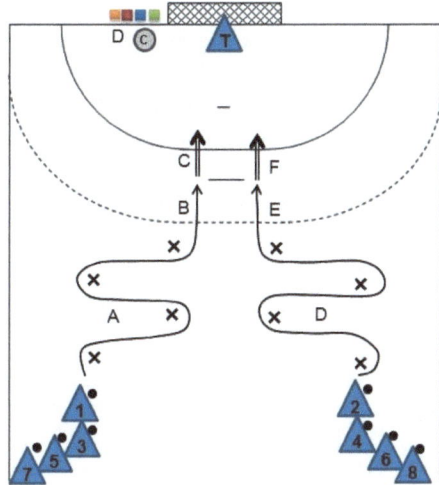

Ablauf 2:

- Der Ablauf aus Ablauf 1 bleibt erhalten, die Spieler werfen jetzt nach Vorgabe hoch oder tief.

- Nachdem 1 den Slalom durch die Hütchen beendet hat (B), gibt der Trainer das Kommando „rechts" oder „links" und 1 wirft entsprechend der Vorgabe (hoch oder tief) auf diese Seite.

- Etwas zeitversetzt startet 2 mit dem gleichen Ablauf.

⚠ Torhüter und Spieler hören beide das Kommando und sollen sich darauf einstellen, so dass der Spieler in das richtige Eck wirft und der Torwart den Ball halten kann.

Ablauf 3:

- Der Ablauf aus Ablauf 1 bleibt erhalten.
- Jeder Ecke im Tor wird eine Farbe der vier Farbkarten zugeordnet.
- Nachdem 1 den Slalom durch die Hütchen beendet hat (B), hebt der Trainer eine Farbkarte hoch und 1 wirft in das entsprechende Eck.
- Etwas zeitversetzt startet 2 mit dem gleichen Ablauf.

⚠ Die Spieler sollen auf die Farbkarten achten und entsprechend der Farbe werfen. Der Trainer steht so, dass der Torhüter die Farbe nicht sieht.

Handball Praxis 8 – Spielfähigkeit durch Training der Handlungsschnelligkeit
Offene Situationen und komplexe Auswahlreaktionen trainieren

handball-uebungen.de
Trainingseinheiten und Übungen für Ihr Training!

Nr.: 2-5	Angriff / individuell	15	65

Aufbau:

- Zwei Mannschaften bilden, für jede Mannschaft vier Hütchen wie im Bild aufstellen und die Hütchen mit den Ziffern 1-4 nummerieren.
- Ballkiste beim Trainer an der Mittellinie bereitstellen.

Ablauf:

- Der Trainer nennt die Nummer eines Hütchens.
- 1 und 2 starten auf dieses Kommando gleichzeitig und berühren das Hütchen (A).
- Der Trainer nennt während des Laufens weitere Hütchen, die ebenfalls berührt werden müssen.
- Prellt der Trainer den Ball (B), laufen 1 und 2 sofort zum Ball (auch, wenn sie noch nicht alle Hütchen berührt haben) und versuchen, den Ball als erstes zu erreichen und zu sichern (C).
- Der Spieler, der den Ball erobert (im Bild 1), wird zum Angreifer und läuft Richtung Tor (D) und versucht, mit Wurf abzuschließen (F), der andere Spieler wird zum Abwehrspieler (E).
- Ruft der Trainer während der 1gegen1-Aktion lauf „HOP", starten die nächsten Spieler in der Reihe (3 und 4) in den Konter auf die andere Seite H).
- Der Ballhalter (1) dreht um (G) und passt seinem Mitspieler (in diesem Fall 3) in den Konter (J). 3 versucht gegen 4 den Konter erfolgreich abzuschließen.
- Nach einem Torwurf starten die nächsten Spieler in der Reihe mit demselben Ablauf.
- Welche Mannschaft erzielt mehr Tore?

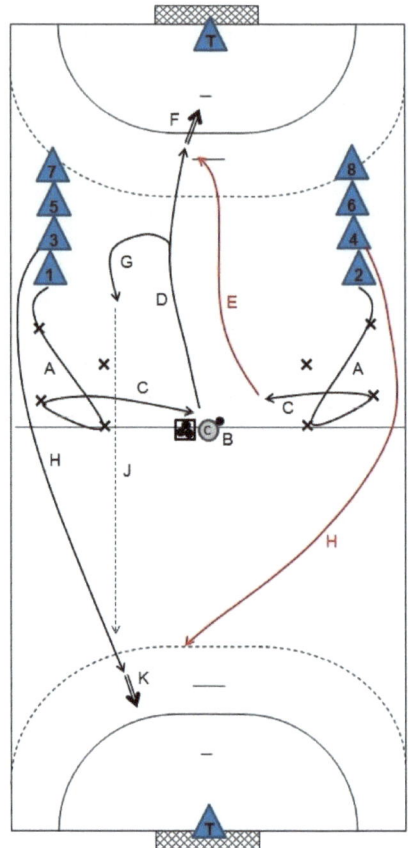

⚠ Auch die Spieler, die als nächstes an der Reihe sind, müssen immer aufmerksam sein, damit sie beim Kommando „HOP" sofort in den Konter gehen können.

⚠ Der Trainer soll variieren und manchmal das Kommando HOP geben, manchmal nicht. Die Spieler sollen immer in vollem Tempo Richtung Tort arbeiten und nicht verlangsamen, um auf ein eventuelles Kommando schneller zu reagieren.

Handball Praxis 8 – Spielfähigkeit durch Training der Handlungsschnelligkeit
Offene Situationen und komplexe Auswahlreaktionen trainieren

handball-uebungen.de
Trainingseinheiten und Übungen für Ihr Training!

Nr.: 2-6	Angriff / Kleingruppe	15	80

Aufbau:
- Zwei Mannschaften bilden, für jede Mannschaft vier Hütchen wie im Bild aufstellen und die Hütchen mit den Ziffern 1-4 nummerieren.

Ablauf:
- Jeweils zu Beginn des Ablaufs wird ein Ball an der Mittellinie ausgelegt.
- Der Trainer nennt die Nummer eines Hütchens.
- 1 und 2 starten auf dieses Kommando gleichzeitig und berühren das Hütchen (A).
- Der Trainer nennt während des Laufens weitere Hütchen, die ebenfalls berührt werden müssen.
- Sind alle Hütchen berührt, laufen 1 und 2 zum Ball und versuchen, diesen zu erobern (B). Im Bild gelingt dies 1.
- 3 und 4 starten, sobald 1 und 2 zum Ball laufen (B) um das entfernt stehende Hütchen (C).
- Je nachdem, wer den Ball erobert, spielen die beiden Teammitglieder in Ballbesitz (1 und 3) im 2gegen2 (D, E und F) bis zum Torwurf gegen die anderen beiden Spieler (2 und 4), die versuchen, den Konter abzuwehren (G).
- Sollte 2 den Ball gewinnen, wird auf das andere Tor gespielt.
- Danach stellen sich die Spieler wieder an.

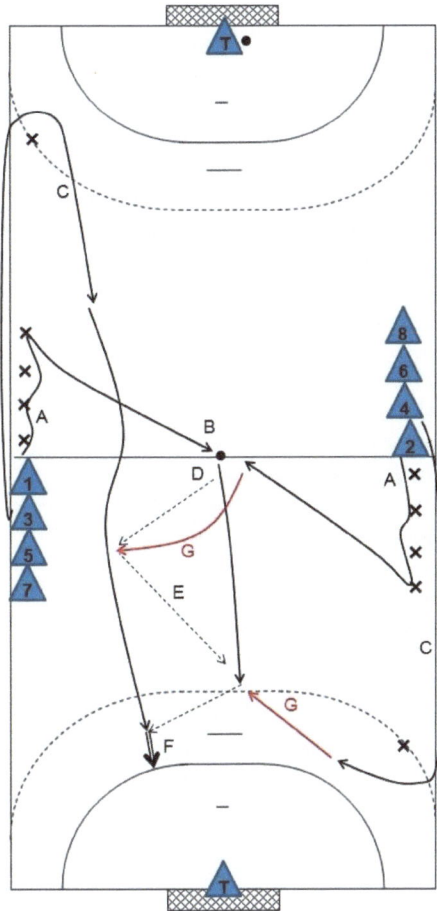

Welche Mannschaft erzielt mehr Tore?

Handball Praxis 8 – Spielfähigkeit durch Training der Handlungsschnelligkeit
Offene Situationen und komplexe Auswahlreaktionen trainieren

handball-uebungen.de
Trainingseinheiten und Übungen für Ihr Training!

Nr.: 2-7	Abschlussspiel	10	90

Grundaufbau:

-   Zwei Mannschaften bilden, die Handball gegeneinander spielen (4gegen4 oder 5gegen5).

Ablauf:

-   Nach einem Angriff wird sofort aus dem Tor heraus wieder angespielt und der Angriff startet auf die andere Seite.
-   Dabei entscheidet der Ausgang der vorherigen Aktion, wer im Angriff spielt.
-   Erzielt eine Mannschaft ein Tor, wird sie wieder zur angreifenden Mannschaft beim Angriff auf das andere Tor, fällt aus einer Angriffsaktion kein Tor (Fehlwurf oder Ballverlust), wechseln die Aufgaben.

⚠ Die Torhüter müssen, genau wie die Feldspieler wachsam sein und richtig auf den Ausgang des vorherigen Angriffs reagieren, um den richtigen Pass zur Einleitung des Konters spielen zu können.

Handball Praxis 8 – Spielfähigkeit durch Training der Handlungsschnelligkeit
Offene Situationen und komplexe Auswahlreaktionen trainieren

handball-uebungen.de
Trainingseinheiten und Übungen für Ihr Training!

Nr.: 3	Verbesserung der Handlungsschnelligkeit in offenen Situationen (TE 222)		★★★	90

Startblock		Hauptblock				
X	Einlaufen/Dehnen		X	Angriff / individuell		Sprungkraft
	Laufübung		X	Angriff / Kleingruppe		Sprintwettkampf
X	Kleines Spiel			Angriff / Team		Torhüter
	Koordination		X	Angriff / Wurfserie		
	Laufkoordination			Abwehr /Individuell		**Schlussblock**
	Kräftigung			Abwehr / Kleingruppe	X	Abschlussspiel
	Ballgewöhnung			Abwehr / Team		Abschlusssprint
X	Torhüter einwerfen			Athletiktraining		
				Ausdauertraining		

★: Einfache Anforderung (alle Jugend-Aktivenmannschaften)	★★: Mittlere Anforderung (geeignet ab C-Jugend bis Aktive)	★★★: Höhere Anforderung (geeignet ab B-Jugend bis Aktive)	★★★★: Intensive Anforderung (geeignet für Leistungsbereiche)

Legende:

✖ Hütchen

△1 Angreifer

⬤1 Abwehrspieler

▦ Ballkiste

▬ Pommes (Schaumstoffbalken)

Benötigt:
→ 8 Hütchen, 10 Schaumstoffbalken (Pommes), 1 Ballkiste mit ausreichend Bällen

Beschreibung:
Ziel der Trainingseinheit ist das Verbessern der Handlungsschnelligkeit und des Entscheidungsverhaltens. Beim Einlaufen muss schnell auf äußere Signale reagiert und die richtige Handlungsalternative gewählt werden. Nach einem kleinen Spiel und der Ballgewöhnung, trainiert das Torhüter einwerfen die Konzentrationsfähigkeit des Torhüters während der Wurfserien. Im Abschluss folgen eine Wurfserie, eine individuelle und eine Kleingruppenübung, in denen in offenen Situationen das richtige Reagieren auf verschiedene Signale und Spielsituationen gefordert wird, bevor das Training mit einem Abschlussspiel endet.

Insgesamt besteht die Trainingseinheit aus folgenden Schwerpunkten
- Einlaufen/Dehnen (Einzelübung: 10 Minuten / Trainingsgesamtzeit: 10 Minuten)
- kleines Spiel (15/25)
- Ballgewöhnung (10/35)
- Torhüter einwerfen (10/45)
- Angriff Wurfserie (10/55)
- Angriff individuell (10/65)
- Angriff Kleingruppe (15/80)
- Abschlussspiel (10/90)

Gesamtzeit der Trainingseinheit: 90 Min.

Handball Praxis 8 – Spielfähigkeit durch Training der Handlungsschnelligkeit
Offene Situationen und komplexe Auswahlreaktionen trainieren

handball-uebungen.de
Trainingseinheiten und Übungen für Ihr Training!

Nr.: 3-1	Einlaufen/Dehnen	10	10

Ablauf:

- Die Spieler bilden 2er-Paare mit einem Ball pro Paar.
- Die Ecken des Spielfelds werden mit den Zahlen 1, 2, 3 und 4 gekennzeichnet.
- Die Spieler laufen durcheinander im Feld (z. Bsp. halbe Halle) und passen sich innerhalb des 2er-Paares den Ball. Dabei sollen verschiedene Lauf- und Passvarianten ausprobiert werden.
- Nach einiger Zeit ruft der Trainer laut eine zweistellige Zahl, die sich aus den Ziffern 1-4 zusammensetzt (z. Bsp. 21, 43 oder 14…).
- Das ist das Signal für die Spieler, die Hallenecken nach folgenden Regeln anzulaufen:
    - o Der Ballhalter prellt zur Hallenecke, die der Zahl in der Zehnerziffer entspricht (bei 21 zur Hallenecke mit Nummer 2, bei 43 zur 4, bei 14 zur 1 usw.).
    - o Der Spieler ohne Ball sprintet zur Hallenecke, die der Einerziffer entspricht (bei 21 zur 1, bei 43 zur 3, bei 14 zur 4).
- Spieler, die zu einer falschen Ecke laufen und jeweils die beiden letzten Spieler machen eine kleine Sonderaufgabe (5 Hampelmänner, 5 Strecksprünge o.ä.).
- Dann bilden die Spieler neue 2er- Paare und es wird wieder durcheinandergelaufen und gepasst bis zum nächsten Signal des Trainers mit einer neuen gerufenen Zahl.

Handball Praxis 8 – Spielfähigkeit durch Training der Handlungsschnelligkeit
Offene Situationen und komplexe Auswahlreaktionen trainieren

handball-uebungen.de
Trainingseinheiten und Übungen für Ihr Training!

Nr.: 3-2	kleines Spiel	15	25

Aufbau:
- Mehrere Tore mit Hütchen aufstellen.
- Die Seitenauslinien werden mit den Nummern 1-4 benannt.
- Zwei Mannschaften bilden.

Ablauf:
- Die Mannschaften spielen gegeneinander.
- Die Mannschaft in Ballbesitz versucht, durch Laufen und geschicktes Passen (A), zunächst 5 (3, 7) mal den Ball im Aufsetzer durch ein Hütchentor zu einem Mitspieler zu passen (B oder D).
- Dabei muss das Hütchentor dazwischen immer gewechselt werden (C). Es darf nicht zweimal hintereinander durch dasselbe Hütchentor gepasst werden.
- Die Pässe durch die Hütchentore werden von der angreifenden Mannschaft laut mitgezählt.
- Sobald zum fünften Mal durch ein Tor gepasst wurde, ruft der Trainer laut eine Zahl zwischen 1 und 4 (E).
- Die angreifende Mannschaft versucht nun, den Ball hinter der genannten Linie abzulegen (F).
- Gelingt der komplette Ablauf (fünfmal Pass durch ein Hütchentor + Ablegen des Balls hinter der richtigen Linie, bekommt die Mannschaft einen Punkt.
- Die andere Mannschaft sichert den Ball und versucht nun ihrerseits, einen Punkt zu erzielen.
- Wechselt der Ballbesitz, werden die Hütchentore immer von vorne gezählt, beginnend mit 1.

⚠ Die Spieler sollen schnell umschalten und direkt nach dem Punkt das nächste Hütchentor anlaufen. Nach dem fünften Hütchentor soll sofort auf die genannte Linie gestartet werden.

⚠ Nach Ablage des Balles hinter der Linie, soll die andere Mannschaft sofort den Ball sichern und mit dem Spiel auf die Hütchentore beginnen.

Handball Praxis 8 – Spielfähigkeit durch Training der Handlungsschnelligkeit
Offene Situationen und komplexe Auswahlreaktionen trainieren

handball-uebungen.de
Trainingseinheiten und Übungen für Ihr Training!

Nr.: 3-3	Ballgewöhnung	10	35

Aufbau:

- 5er- Gruppen bilden.
- Für jede Gruppe werden zwei Hütchen wie im Bild aufgestellt.

Ablauf:

- 🔺1 läuft in schnellem Tempo in einer Acht um die Hütchen (A) und hält dabei Blickkontakt zu 🔺2.

- 🔺2 passt zu 🔺1 ,während 🔺1 in der Acht läuft (B).

- Beim Pass von 🔺2 zu 🔺1, stellt sich der Abwehrspieler 🟢1 deutlich zu 🔺3 oder 🔺4 (C).

- 🔺1 dreht sich, nach Erhalt des Passes von 🔺2 (B), schnell um und passt zum freien Spieler 🔺3 oder 🔺4 (D).

- Sofort danach startet 🔺1 wieder mit dem Laufen in der Acht.

- Der Ball wird zu 🔺2 zurück gepasst (E) und der Ablauf startet erneut.

- Nach 10 Pässen durch 🔺1 werden die Positionen getauscht.

- Weitere Gruppe führen den Ablauf parallel durch (F-K).

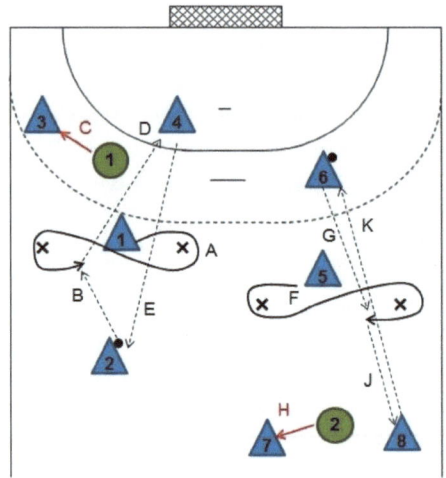

⚠️ 🔺1 soll zügig in der Acht laufen und nach dem Pass von 🔺2 so schnell wie möglich den Ball zum freien Mitspieler 🔺3 oder 🔺4 passen.

⚠️ Sollten mehr als fünf Spieler in einer Gruppe sein, passen sich wartende Spieler untereinander den Ball und wechseln dann in den Ablauf ein.

Handball Praxis 8 – Spielfähigkeit durch Training der Handlungsschnelligkeit
Offene Situationen und komplexe Auswahlreaktionen trainieren

handball-uebungen.de
Trainingseinheiten und Übungen für Ihr Training!

Nr.: 3-4	Torhüter einwerfen	10	45

Ablauf:

- ▲1 startet mit Ball und wirft nach Vorgabe nach links (A).

- Etwas zeitversetzt startet ▲2 und wirft nach Vorgabe nach rechts (B) usw.

- Nach dem Wurf stellen sich die Spieler sofort wieder an und holen sich einen neuen Ball (C), sodass für den Torhüter eine lange Serie entsteht.

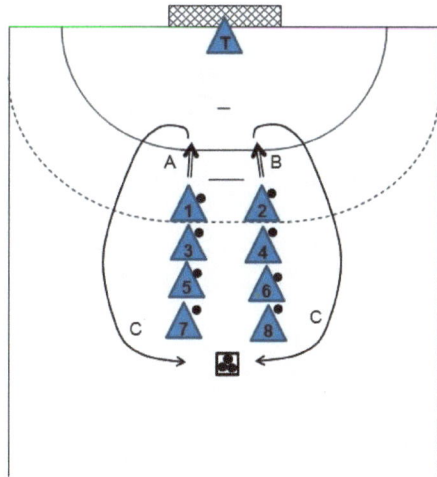

Vorgaben für den Wurf:

- Alle Spieler werfen auf die Hände/ hoch/ tief.

- Die linke Seite wirft hoch, die rechte tief und umgekehrt.

- Die Spieler vereinbaren eine Serie (z. Bsp.: vier Würfe hoch, vier Würfe tief / drei hoch, drei tief, zwei hoch, zwei tief, einer hoch, einer tief o.ä.). der Torhüter soll nach der Serie die Vereinbarung erraten. Dabei die Schwierigkeit steigern.

⚠ Dem Torhüter eventuell 2-3 Serien Zeit geben, die Vereinbarung zu erraten.

Handball Praxis 8 – Spielfähigkeit durch Training der Handlungsschnelligkeit
Offene Situationen und komplexe Auswahlreaktionen trainieren

handball-uebungen.de
Trainingseinheiten und Übungen für Ihr Training!

Nr.: 3-5	Angriff / Wurfserie	10	55

Aufbau:

- Ein Hütchen an der Mittellinie aufstellen.
- Auf jeder Seite des Feldes Schaumstoffbalken wie im Bild auslegen.
- Die Balken werden durchnummeriert (im Bild von 1 bis 5).

Ablauf:

- Der Trainer nennt als Kommando hintereinander mehrere Ziffern zwischen 1 und 5 (im Beispiel 5, 2, 4, 1).
- ▲1 und ▲2 starten bei der ersten genannten Zahl des Kommandos und berühren nacheinander die genannten Schaumstoffbalken mit der Hand (A).
- Der Trainer rollt einen Ball auf das Spielfeld (B).
- Nachdem ▲1 und ▲2 den letzten Balken berührt haben, versuchen sie, den Ball zuerst zu erreichen (C).
- Der Spieler, der den Ball erkämpf (im Bild ▲1), läuft in Richtung Tor (D) und wirft (E).
- Der andere Spieler umläuft das Hütchen an der Mittellinie (F), bekommt einen zweiten Ball vom Trainer zugespielt (G) und wirft ebenfalls auf das Tor (H).
- Dann starten die nächsten beiden Spieler wieder auf Kommando des Trainers.

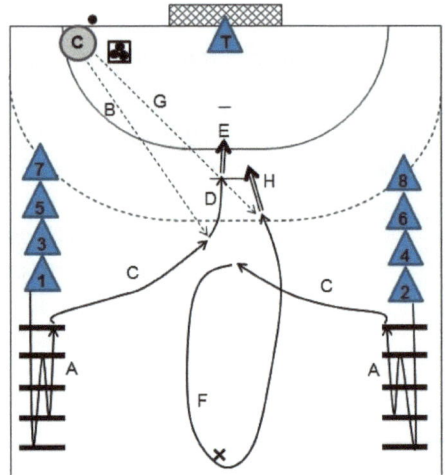

⚠ Die Spieler sollen sich nach dem letzten Balken sofort zum Ball orientieren.

⚠ Der Spieler, der den Ball nicht erreicht, soll sofort in schnellem Sprint um das Hütchen starten.

Handball Praxis 8 – Spielfähigkeit durch Training der Handlungsschnelligkeit
Offene Situationen und komplexe Auswahlreaktionen trainieren

handball-uebungen.de
Trainingseinheiten und Übungen für Ihr Training!

Nr.: 3-6	Angriff / individuell	10	65

Aufbau:

- Mit Hütchen auf beiden Hallenhälften den 6-Meter-Kreis in zwei Sektoren teilen.
- Jeder der vier Sektoren (zwei auf jeder Seite) wird einer Jahreszeit (Frühling, Sommer, Herbst und Winter) zugeordnet.
- Am Spielfeldrand links und rechts jeweils fünf Schaumstoffbalken wie im Bild auslegen.

Ablauf:

- Der Trainer legt einen Ball auf den Anspielpunkt.
- Auf Kommando des Trainers starten **1** und **2** gleichzeitig und laufen in Sidesteps mit zwei Kontakten je Zwischenraum in den Schaumstoffbalken hin und her mit Blickrichtung nach außen (A).
- Als zweites Kommando nennt der Trainer eine Jahreszeit (im Beispiel „Frühling").
- Beide Spieler drehen sich um und versuchen, den Ball zur erlaufen (B).
- Der Spieler, der den Ball erläuft

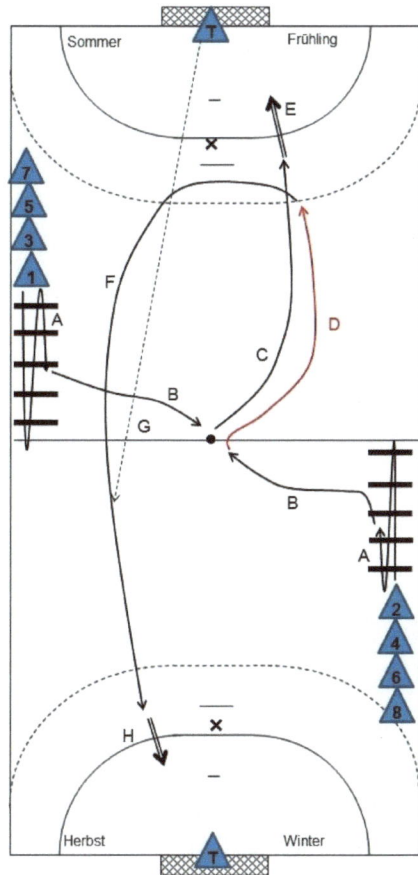

(im Beispiel **1**), startet mit Ball in Richtung Tor (C) und versucht, im der Jahreszeit zugehörigen Sektor zum Wurf zu kommen (E).
- Der andere Spieler geht in die Gegenstoß-Abwehr (D).
- Erkämpft **2** den Ball, läuft er sofort in den Gegenstoß in Richtung der entgegengesetzten Jahreszeit (Frühling-Herbst / Sommer-Winter).
- Kommt es zum Torwurf, entscheidet das Ergebnis des Torwurfs über die Folgeaktion:
  - o Trifft **1**, startet **1** selbst in den erneuten Gegenstoß in Richtung des Sektors der entgegengesetzten Jahreszeit.
  - o Verwirft **1** (hier im Bild), startet **2** in den Gegenstoß (F) in Richtung des Sektors der entgegengesetzten Jahreszeit.
- Der Torwart spielt dem entsprechenden Angreifer den Ball in den Lauf (G) und der Spieler schließt oben mit Wurf ab (H).
- Nach der zweiten Aktion starten die nächsten beiden Spieler mit dem gleichen Ablauf.

Handball Praxis 8 – Spielfähigkeit durch Training der Handlungsschnelligkeit
Offene Situationen und komplexe Auswahlreaktionen trainieren

handball-uebungen.de
Trainingseinheiten und Übungen für Ihr Training!

Variation:

- Der Trainer nennt nicht die Jahreszeit, sondern einen mit der Jahreszeit assoziierten Begriff (Schnee/Kälte für Winter, Laub/Kürbis für Herbst, Ostern/Krokus für Frühling, Hitze/Große Ferien für Sommer).

⚠ Die Spieler sollen beim Kommando schnell den Ball erkämpfen und dann auf den richtigen Sektor starten.

⚠ Nach dem ersten Wurf soll sofort die neue Aufgabenverteilung festgestellt und entsprechend reagiert werden (sowohl von den Feldspielern, also auch vom Torhüter).

Nr.: 3-7	Angriff / Kleingruppe	15	80

Aufbau:

- Mit Hütchen auf beiden Hallenhälften den 6-Meter-Kreis in zwei Sektoren teilen.
- Jeder der vier Sektoren (zwei auf jeder Seite) wird einer Jahreszeit (Frühling, Sommer, Herbst und Winter) zugeordnet.
- Zwei Mannschaften bilden. Jede Mannschaft startet auf einer Seite der Mittellinie am Feldrand.

Ablauf:

- Der Trainer legt am Anspielpunkt einen Ball aus und nennt zunächst eine Zahl zwischen 2 und 4 (im Beispiel 2).
- Die entsprechende Anzahl Spieler jeder Mannschaft greift ins Spiel ein und umläuft zunächst jeweils das Hütchen am 6-Meter (auf der der Startposition der Mannschaft entgegen gesetzten Hallenhälfte). (A).
- Dann laufen die Spieler zur Mitte und versuchen, den Ball zu sichern (B) (im Bild gelingt dies 🔺).

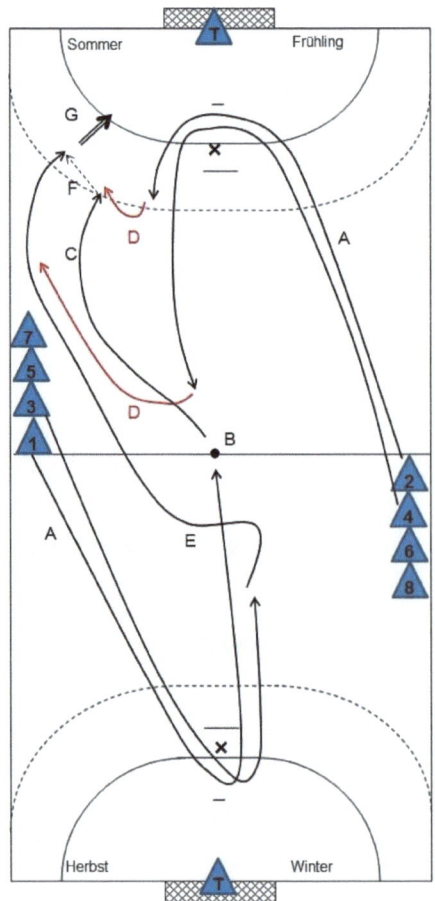

Handball Praxis 8 – Spielfähigkeit durch Training der Handlungsschnelligkeit
Offene Situationen und komplexe Auswahlreaktionen trainieren

handball-uebungen.de
Trainingseinheiten und Übungen für Ihr Training!

- Kurz vor der Ballaufnahme nennt der Trainer eine Jahreszeit (hier im Bsp. „Sommer").
  Die Mannschaft in Ballbesitz versucht, im entsprechenden Sektor zum Torerfolg zu kommen (C, E und F), die andere Mannschaft versucht, das Tor zu verhindern (D).
- Gelingt es der Abwehr, den Ball ohne Foulspiel zu gewinnen, darf sie einen Konter auf den Sektor der entgegengesetzten Jahreszeit starten (nicht im Bild → Winter).
- Jedes Tor gibt für die Mannschaft einen Punkt.
- Nach dem Torabschluss (G) stellen die Mannschaften sich wieder auf und der Ablauf beginnt von vorne.

Variation:
- Der Trainer nennt nicht die Jahreszeit, sondern einen mit der Jahreszeit assoziierten Begriff (Schnee/Kälte für Winter, Laub/Kürbis für Herbst, Ostern/Krokus für Frühling, Hitze/Große Ferien für Sommer).

⚠️ Die Mannschaften sollen nach Ballgewinn sofort auf den genannten Sektor starten, bzw. diesen verteidigen.

Nr.: 3-8	Abschlussspiel	10	90

Ablauf:
- Es werden drei Mannschaften gebildet, die im 4gegen4 jeweils drei Minuten gegeneinander spielen (jeder gegen jeden).
- Jedes Tor ergibt einen Punkt und der Torhüter bringt den Ball sofort wieder (ohne Anspiel an der Mittellinie) ins Spiel.
- Gelingt ein Tor innerhalb von 4 Pässen, ab dem Pass vom Torhüter, erhält die Mannschaft zwei Punkte.
- Welche Mannschaft erzielt in ihren 6 Minuten die meisten Punkte. Vorher Aufgaben für den Zweiten und Dritten vereinbaren.

Handball Praxis 8 – Spielfähigkeit durch Training der Handlungsschnelligkeit
Offene Situationen und komplexe Auswahlreaktionen trainieren

handball-uebungen.de
Trainingseinheiten und Übungen für Ihr Training!

Nr.: 4	Verbesserung der Koordinationsfähigkeit und Reaktionsschnelligkeit (TE 230)		★ ★	90

Startblock		Hauptblock			
X	Einlaufen/Dehnen		Angriff / individuell		Sprungkraft
	Laufübung	X	Angriff / Kleingruppe	X	Sprintwettkampf
	Kleines Spiel		Angriff / Team		Torhüter
	Koordination	X	Angriff / Wurfserie		
X	Laufkoordination		Abwehr /Individuell		**Schlussblock**
	Kräftigung		Abwehr / Kleingruppe		Abschlussspiel
	Ballgewöhnung		Abwehr / Team	X	Abschlusssprint
X	Torhüter einwerfen		Athletiktraining		
			Ausdauertraining		

★:Einfache Anforderung (alle Jugend-Aktivenmannschaften)	★ ★: Mittlere Anforderung (geeignet ab C-Jugend bis Aktive)	★ ★ ★: Höhere Anforderung (geeignet ab B-Jugend bis Aktive)	★ ★ ★ ★: Intensive Anforderung (geeignet für Leistungsbereiche)

Legende:

✗   Hütchen

△1   Angreifer

◯1   Abwehrspieler

▦   Ballkiste

▭▭▭   Koordinationsleiter

▬▬▬   Schaumstoffbalken

Benötigt:

→ 6 Hütchen, 2 Koordinationsleitern, 2 Schaumstoffbalken
(Pommes), 1 Ballkiste mit
ausreichend Bällen

Beschreibung:

Ziel der Trainingseinheit ist das Verbessern der koordinativen Fähigkeiten in Verbindung mit der Reaktion auf verschiedene Signale. Nach einer kurzen Erwärmung werden in der Koordinationsleiter verschiedene aufeinander aufbauende Übungen absolviert. Im Anschluss wird eine Koordinationsübung mit Reaktion auf verschiedene Signale zu einem Wettkampf kombiniert. An das Torhüter einwerfen schließen eine Wurfserie und zwei Kleingruppenübungen mit koordinativen Elementen und Reaktion in offenen Situationen an. Ein Abschlusssprint schließt die Trainingseinheit ab.

Insgesamt besteht die Trainingseinheit aus folgenden Schwerpunkten

- Einlaufen/Dehnen (Einzelübung: 10 Minuten / Trainingsgesamtzeit: 10 Minuten)
- Laufkoordination (10/20)
- Sprintwettkampf (15/35)
- Torhüter einwerfen (10/45)
- Angriff Wurfserie (10/55)
- Angriff Kleingruppe (15/70)
- Angriff Kleingruppe (10/80)
- Abschlusssprint (10/90)

Gesamtzeit der Trainingseinheit: 90 Min.

Handball Praxis 8 – Spielfähigkeit durch Training der Handlungsschnelligkeit
Offene Situationen und komplexe Auswahlreaktionen trainieren

handball-uebungen.de
Trainingseinheiten und Übungen für Ihr Training!

Nr.: 4-1	Einlaufen/Dehnen	10	10

Aufbau:

- Einige Hütchen außerhalb des 9-Meter-Raums aufstellen.

Ablauf:

- Die Spieler bewegen sich, während sie den Ball prellen, durcheinander im 9-Meter-Raum (A).
- Dabei werden verschiedene Lauf- und Prellvariationen durchgeführt (Ball prellen, Arm kreisen/ Hopserlauf und Prellen, abwechselnd mit rechts und links prellen o.ä.).
- Auf Pfiff des Trainers finden sich die Spieler zu 2er-Paaren zusammen, nehmen sich an die Hand und laufen gemeinsam um eines der aufgestellten Hütchen und wieder zurück (B). Beide Spieler prellen während des gemeinsamen Laufens ihren Ball.
- Das Paar, welches zuletzt wieder im 9-Meter-Raum ankommt und alle Spieler, die keinen Partner gefunden haben, machen 10 schnelle Hampelmänner, danach wiederholt sich der Ablauf.

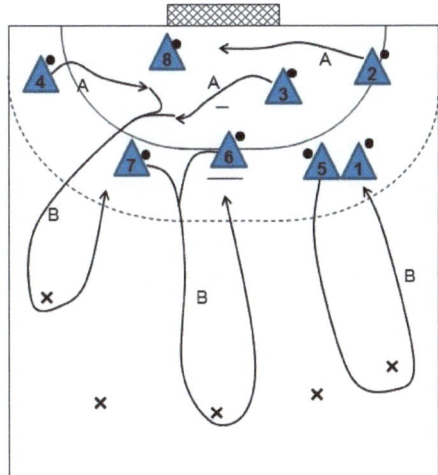

Handball Praxis 8 – Spielfähigkeit durch Training der Handlungsschnelligkeit
Offene Situationen und komplexe Auswahlreaktionen trainieren

handball-uebungen.de
Trainingseinheiten und Übungen für Ihr Training!

Nr.: 4-2	Laufkoordination	10	20

Grundablauf:

- Die Spieler durchlaufen nacheinander die Koordinationsleiter nach Vorgabe (siehe unten)) und stellen sich im lockeren Laufschritt anschließend wieder an (B).
- Die vier Vorgaben für die Beinarbeit werden jeweils dreimal durchgeführt, einmal ohne Armbewegungen und je einmal kombiniert mit den beiden Vorgaben für die Arme.

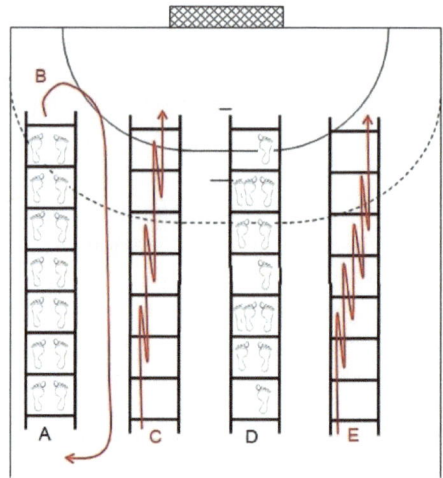

Vorgaben für die Beinarbeit:

- Die Spieler durchlaufen die Koordinationsleiter mit je zwei Kontakten je Zwischenraum (A).
- Die Spieler durchlaufen die Koordinationsleiter mit zwei Kontakten je Zwischenraum, dabei wird zunächst dreimal nach vorne, dann einmal nach hinten gelaufen (C).
- Die Spieler durchlaufen die Koordinationsleiter im Rhythmus ein Kontakt, zwei Kontakte, drei Kontakte, ein Kontakt (D) usw.
- Der Rhythmus 1, 2, 3 Kontakte wird beibehalten, der einzelne Kontakt wird dabei nach hinten durchgeführt (E).

Vorgaben für die Arme:

- Die Arme führen die Hampelmannbewegung durch (Arme abwechselnd seitlich am Körper anlegen und nach oben strecken).
- Ein Arm bewegt sich wie in der Hampelmannbewegung, der andere wird nach vorne gestreckt und nach oben und unten bewegt.

Handball Praxis 8 – Spielfähigkeit durch Training der Handlungsschnelligkeit
Offene Situationen und komplexe Auswahlreaktionen trainieren

handball-uebungen.de
Trainingseinheiten und Übungen für Ihr Training!

Nr.: 4-3	Sprintwettkampf	15	35

Aufbau:

- Zwei parallele Koordinationsleitern auslegen.

Ablauf:

- **1** und **2** starten gleichzeitig und laufen im Sidestep mit zwei Kontakten je Zwischenraum durch die jeweilige Koordinationsleiter (A).

- Dabei gibt **1** die Richtungswechsel vor (B), **2** spiegelt die Richtungswechsel (C).

- Sobald der Trainer einen Ball prellt, ist dies das Signal für die Spieler, aus der Koordinationsleiter heraus zu sprinten (D / D).

- Wer zuerst den Pfosten berührt, gewinnt für die Mannschaft einen Punkt.

- Danach starten die nächsten beiden Spieler mit dem gleichen Ablauf.

- In der zweiten Runde werden die Aufgaben getauscht, d.h. **2** gibt die Richtungswechsel vor und **1** spiegelt den Laufweg.

- Das Team mit weniger Punkten macht am Ende eine vorab definierte Sonderaufgabe (z.B. 10 schnelle Hampelmannbewegungen).

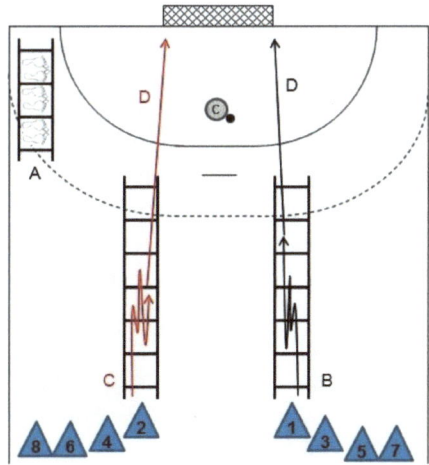

Ablauf:

- Der Ablauf A - C aus Ablauf 1 bleibt erhalten.

- Jetzt rollt der Trainer als Signal den Ball zügig zwischen die beiden Koordinationsleitern (E).

- Sobald der Ball gerollt wurde, startet der Spieler, der bisher die Bewegung gespiegelt hatte (hier **2**) und versucht, durch die Koordinationsleiter seines Gegenübers zu sprinten (F), ohne von **1** berührt zu werden (G).

- Schafft es **2**, die Koordinationsleiter unberührt zu überlaufen, bekommt er einen Punkt für die Mannschaft.

- Im zweiten Durchgang werden die Aufgaben wieder getauscht.

- Das Team mit weniger Punkten macht am Ende eine vorab definierte Sonderaufgabe.

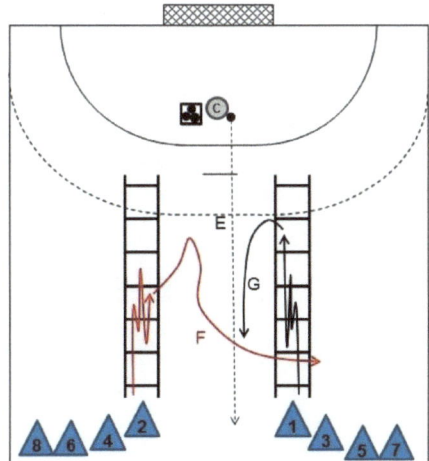

Handball Praxis 8 – Spielfähigkeit durch Training der Handlungsschnelligkeit
Offene Situationen und komplexe Auswahlreaktionen trainieren

handball-uebungen.de
Trainingseinheiten und Übungen für Ihr Training!

| Nr.: 4-4 | Torhüter einwerfen | 10 | 45 |

Aufbau:

- Die Spieler bilden in zwei Reihen eine Gasse.
- Zwei Hütchen links und rechts der Reihen aufstellen.

Ablauf:

- Die Spieler halten ihre Bälle ins Innere der Gasse in unterschiedlichen Höhen.
- Der Torhüter durchläuft die Gasse und berührt dabei abwechselnd die Bälle auf der linken und rechten Seite (A).
- Danach sprintet der Torhüter ins Tor (B).
- Die Spieler, deren Ball berührt wurde, sprinten um die äußeren Hütchen (C) und stellen sich in einer Reihe wieder an (D).
- Sobald der Torhüter im Tor positioniert ist, startet der erste Spieler und wirft nach Vorgabe (Hände, hoch, tief) nach links (E), der zweite nach Vorgabe nach rechts usw, so dass für den Torhüter eine Serie entsteht.
- In den letzten beiden Durchgängen wird frei geworfen. Die Spieler zeigen allerdings zunächst in eine Ecke und werfen dann in die diagonale Ecke.

⚠ Die weiteren Spieler sollen sich zügig anstellen (F) und sicherstellen, dass für den Torhüter eine Serie entsteht.

Handball Praxis 8 – Spielfähigkeit durch Training der Handlungsschnelligkeit
Offene Situationen und komplexe Auswahlreaktionen trainieren

handball-uebungen.de
Trainingseinheiten und Übungen für Ihr Training!

Nr.: 4-5	Angriff / Wurfserie	10	55

Aufbau:

- Zwei Koordinationsleitern parallel auslegen, zwei Hütchen links und rechts wie abgebildet aufstellen.
- Der Trainer positioniert sich am Rand mit einer Ballkiste mit zusätzlichen Bällen.

Ablauf:

- **1** und **2** laufen mit Blickrichtung zueinander im Sidestep (zwei Kontakte je Zwischenraum) durch die Koordinationsleiter (A) und passen sich dabei einen Ball (B und C).

- Am Ende der Koordinationsleiter wird die Richtung gewechselt und wieder in die andere Richtung gelaufen.

- Auf Kommando „HOP" des Trainers startet der Ballhalter (hier **2**) in Richtung Tor (D) und wirft (E).

- Der Spieler ohne Ball (**1**) umläuft eines der beiden Hütchen (F).

- Der Trainer rollt einen zweiten Ball ins Feld (G), **1** nimmt diesen auf (H), geht in Richtung Tor und wirft (J).

- Nach dem Kommando „HOP" für **1** und **2** starten sofort die nächsten beiden Spieler mit den Pässen in der Koordinationsleiter.

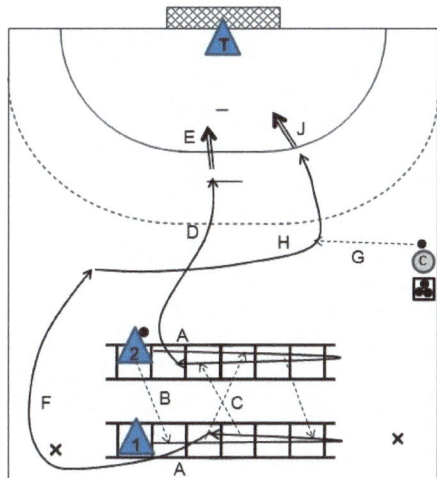

⚠ Die Spieler sollen beim Kommando sofort reagieren und mit der jeweiligen Folgeaktion starten.

Handball Praxis 8 – Spielfähigkeit durch Training der Handlungsschnelligkeit
Offene Situationen und komplexe Auswahlreaktionen trainieren

handball-uebungen.de
Trainingseinheiten und Übungen für Ihr Training!

Nr.: 4-6	Angriff / Kleingruppe	15	70

Aufbau:

- Eine Koordinationsleiter an der Mittellinie auslegen, zwei Schaumstoffbalken links und rechts auslegen.
- Zwei Mannschaften bilden und benennen (hier Team „blau" und Team „grün").

Ablauf:

- Auf Kommando „HOP" des Trainers starten drei Aktionen gleichzeitig.
- ▲3 und ▲3 springen in der Koordinationsleiter immer nach links, zurück in die Mitte, dann nach rechts und wieder in die Mitte usw (A). Die beiden stehen dabei mit dem Rücken zu den anderen Spielern, damit sie deren Aktionen nicht sehen.
- ▲1 versucht im 1gg1 ohne Ball an ●1 vorbeizugehen (B) und mit dem Fuß den Schaumstoffbalken zu berühren, ●1 wehrt dies so lange wie möglich ab (C).
- ▲2 versucht das gleiche gegen den Abwehrspieler der blauen Mannschaft.
- Der Spieler, der den Balken berührt, ruft laut den Namen der eigenen Mannschaft (im Bild gelingt es ▲2, er ruft „grün").
- Das ist das Zeichen für ▲3, den Ball aufzunehmen (D) und gemeinsam mit ●1 im 2gg2 gegen ▲1 und ▲3 zu versuchen, ein Tor zu erzielen (E, F und G).
- Gelingt ein Tor, bekommt die grüne Mannschaft einen Punkt.
- Danach werden die drei Positionen von jeder Mannschaft neu besetzt, weitere Spieler wechseln ein und der Ablauf beginnt auf Kommando „HOP" erneut.
- Welches Team erzielt die meisten Tore?

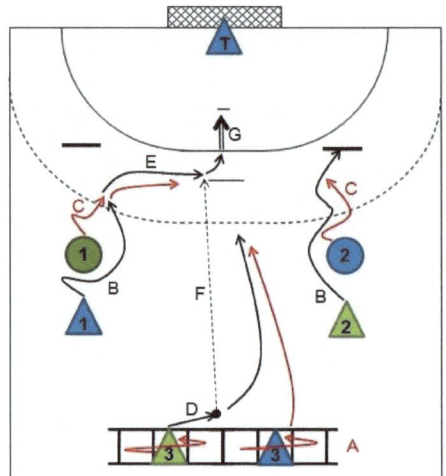

⚠ Es spielen immer die Spieler im 2gg2, die nicht an der erfolgreichen 1gegen1-Aktion beteiligt waren (▲2 hat den Balken berührt, ●1 und ▲3 spielen im 2gg2 gegen ▲1 und ▲3). Der erfolgreiche Angreifer und sein Gegenspieler greifen nicht ins Spiel auf das Tor ein.

⚠ Die Spieler sollen nach der erfolgreichen Angriffsaktion auf die Schaumstoffbalken sofort in die 2gg2 Aktion umschalten.

Handball Praxis 8 – Spielfähigkeit durch Training der Handlungsschnelligkeit
Offene Situationen und komplexe Auswahlreaktionen trainieren

handball-uebungen.de
Trainingseinheiten und Übungen für Ihr Training!

| Nr.: 4-7 | Angriff / Kleingruppe | 10 | 80 |

Aufbau:

- Drei Mannschaften bilden.

Ablauf:

- **1**, **2** und **3** spielen im 1gegen1 gegen **1**, **2** und **3** bis zum Torwurf (A, B und C).
- Der Ausgang des Torwurfs entscheidet über die nächste Aktion:
  - Wird ein Tor erzielt, sind **1**, **2** und **3** direkt wieder im Angriff und spielen gegen die dritte Mannschaft.
  - Wird kein Tor erzielt (hier im Bild) oder wird der Ball abgefangen, starten **1**, **2** und **3** die Angriffsaktion gegen die dritte Mannschaft.
- Der neue Angriff versucht, den Ball hinter der Mittellinie abzulegen (D, E und F).
- Wurde der Ball hinter der Mittellinie abgelegt, dürfen beide beteiligten Mannschaften diesen sichern (G) und die nächste Angriffsaktion wieder auf das Tor starten. Der Spieler, der den Ball abgelegt hat, darf den Ball nicht wieder direkt aufnehmen.
- Ein Tor oder ein Ablegen des Balles hinter der Mittellinie gibt einen Punkt. Wer erzielt die meisten Punkte?

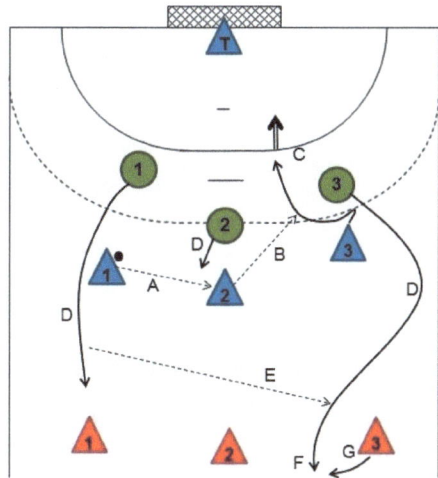

⚠ Nach einem Torwurf soll entsprechend des Ergebnisses die neue Angriffsmannschaft sofort in die Angriffsaktion auf die Mittellinie starten.

⚠ Nach der Ablage an der Mittellinie sollen die Spieler sofort versuchen, den Ball zu sichern und wieder in Richtung Tor zu starten.

Handball Praxis 8 – Spielfähigkeit durch Training der Handlungsschnelligkeit
Offene Situationen und komplexe Auswahlreaktionen trainieren

handball-uebungen.de
Trainingseinheiten und Übungen für Ihr Training!

Nr.: 4-8	Abschlusssprint	10	90

Aufbau:

- Zwei Mannschaften bilden.
- Drei Hütchen für jede Mannschaft aufstellen und mit den Nummern 1, 2, 3 bezeichnen.

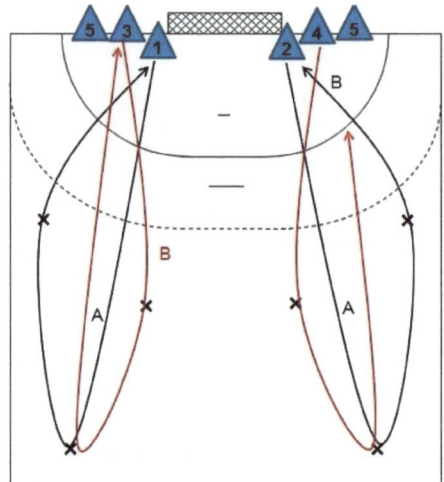

Ablauf:

- Auf Kommando starten **1** und **2** gleichzeitig. Der Trainer nennt eine zweistellige Zahl mit den Ziffern 1 bis 3 (Im. Bsp. 31).

- **1** und **2** berühren zunächst das Hütchen mit der 10er-Zahl (hier 3), dann das mit der Einerzahl (hier 1) und schlagen den nächsten Spieler ab (A).

- Beim Start von **3** und **4** (beim zuerst startenden Spieler) nennt der Trainer eine neue Zahl (hier 23), die nach den gleichen Regeln berührt wird (B).

- Es gewinnt das Team, bei dem der letzte Spieler zuerst wieder ankommt.

Handball Praxis 8 – Spielfähigkeit durch Training der Handlungsschnelligkeit
Offene Situationen und komplexe Auswahlreaktionen trainieren

handball-uebungen.de
Trainingseinheiten und Übungen für Ihr Training!

Nr.: 5	Verbessern der Handlungsschnelligkeit durch Aktionen und Folgeaktionen (242)	★★★	90

Startblock			Hauptblock					
X	Einlaufen/Dehnen		X	Angriff / individuell			Sprungkraft	
	Laufübung		X	Angriff / Kleingruppe		X	Sprintwettkampf	
	Kleines Spiel			Angriff / Team			Torhüter	
	Koordination		X	Angriff / Wurfserie				
X	Laufkoordination			Abwehr /Individuell		**Schlussblock**		
	Kräftigung			Abwehr / Kleingruppe		X	Abschlussspiel	
	Ballgewöhnung			Abwehr / Team			Abschlusssprint	
X	Torhüter einwerfen			Athletiktraining				
				Ausdauertraining				

★:Einfache Anforderung (alle Jugend-Aktivmannschaften)	★★: Mittlere Anforderung (geeignet ab C-Jugend bis Aktive)	★★★: Höhere Anforderung (geeignet ab B-Jugend bis Aktive)	★★★★: Intensive Anforderung (geeignet für Leistungsbereiche)

Legende:

✖ Hütchen

△1 Angreifer

●1 Abwehrspieler

⬚ Ballkiste

▭ dünne Turnmatte

▢ umgedrehte Turnkiste

⊥ Stange

🟨🟩 Leibchen

Benötigt:
→ 9 Hütchen, 2 dünne Turnmatten, 4-5 kleine Turnkisten, 4-5 Stangen, farbige Leibchen in zwei Farben, Ballkiste mit ausreichend Bällen

Beschreibung:
Das Verbessern der Handlungs-schnelligkeit und der adäquaten Reaktion auf sich ändernde Situationen, ist Ziel der Trainingseinheit. Nach der Erwärmung und einem Sprintwettkampf, wird eine Reaktions-Lauf-Übung mit einer 1gg1-Aktion gekoppelt. Danach folgt eine intensive 1gg1-Übung mit Folgeaktion für Angriff und Abwehr. Das Torhüter einwerfen bereitet eine Wurfserie mit Gegenstoßeinleitung vor, bevor ein Spiel in Kleingruppen und ein Abschlussspiel die Trainingseinheit abschließen.

Insgesamt besteht die Trainingseinheit aus folgenden Schwerpunkten
- Einlaufen/Dehnen (Einzelübung: 10 Minuten / Trainingsgesamtzeit: 10 Minuten)
- Sprintwettkampf (10/20)
- Laufkoordination (10/30)
- Angriff individuell (15/45)
- Torhüter einwerfen (10/55)
- Angriff Wurfserie (10/65)
- Angriff Kleingruppe (15/80)
- Abschlussspiel (10/90)

Gesamtzeit der Trainingseinheit: 90 Min.

Handball Praxis 8 – Spielfähigkeit durch Training der Handlungsschnelligkeit
Offene Situationen und komplexe Auswahlreaktionen trainieren

handball-uebungen.de
Trainingseinheiten und Übungen für Ihr Training!

Nr.: 5-1	Einlaufen/Dehnen	10	10

Ablauf:

- Die Spieler laufen im 9-Meter-Raum und führen auf Ansage des Trainers folgende Übungen aus:
    - o Prellen mit der Wurfhand/der Nichtwurfhand/ abwechselnd.
    - o Den Ball beim Laufen immer wieder hochwerfen und wieder fangen.
    - o Den Ball beim Laufen hochwerfen und hinter dem Rücken fangen.
    - o Den Ball abwechselnd unter dem linken und rechten Bein durchgeben.
    - o Den Ball um den Körper kreisen.
- Nach einer gewissen Zeit nennt der Trainer als Kommando eine Eigenschaft (dunkle Haare; Geburtstag in der ersten Jahreshälfte/in einem geraden/ungeraden Monat; Körpergröße > 1,60 m / 1,70 m / 1,80 m; Vorname beginnt / endet mit einem Vokal).
- Die Spieler, auf die die genannte Eigenschaft zutrifft, laufen so schnell wie möglich prellend in den anderen 9-Meter-Raum.
- Dann nennt der Trainer eine neue Übung aus der Auswahl oben und der Ablauf beginnt von vorne (in beiden 9-Meter-Räumne, d.h. es ist Gegenverkehr im Gegenstoß möglich).

Handball Praxis 8 – Spielfähigkeit durch Training der Handlungsschnelligkeit
Offene Situationen und komplexe Auswahlreaktionen trainieren

handball-uebungen.de
Trainingseinheiten und Übungen für Ihr Training!

Nr.: 5-2	Sprintwettkampf	10	20

Aufbau:

- Zwei Matten in der Mitte des Feldes auslegen, vier Hütchen in den Ecken aufstellen und mit den Nummern 1-4 benennen (s. Bild).

Ablauf:

- Es werden zwei Mannschaften gebildet, die sich jeweils hinter einer Turnmatte aufstellen.

- Auf Kommando starten **1** und

  2 gleichzeitig mit einer Vorwärts-Rolle auf der Matte (A).

- Während der Rolle ruft der Trainer eine Zahl zwischen 1 und 4 (hier „4").

- Zu dieser Ecke müssen die beiden Spieler nach der Rolle sprinten (B).
- Der Spieler, der zuerst ankommt, bekommt für die Mannschaft einen Punkt.
- Auf das nächste Kommando starten die nächsten beiden Spieler.

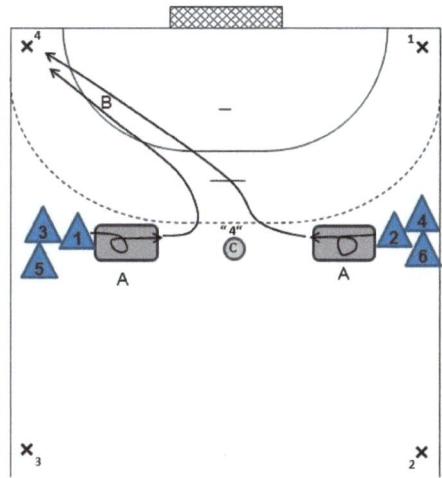

Variationen:

- Der Trainer nennt eine Rechenaufgabe, deren Ergebnis 1 bis 4 ergibt, anstatt direkt die Zahl (z. Bsp. 21-18, 12 / 6, Wurzel aus 16…).
- Der Trainer nennt keine Zahlen, sondern hebt Farbkarten oder Leibchen in 4 Farben nach oben, jeder Ecke ist eine Farbe zugeordnet.

⚠ Die Spieler sollen sich sofort nach der Rolle zur richtigen Ecke orientieren.

Handball Praxis 8 – Spielfähigkeit durch Training der Handlungsschnelligkeit
Offene Situationen und komplexe Auswahlreaktionen trainieren

handball-uebungen.de
Trainingseinheiten und Übungen für Ihr Training!

Nr.: 5-3	Laufkoordination	10	30

Aufbau:

- Mit Hütchen kleine quadratische Felder abstecken und die Ecken in jedem Feld mit den Nummern 1 bis 4 für alle Felder gleich benennen (s. Bild).

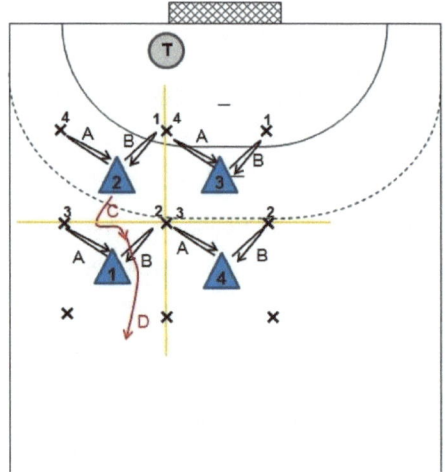

Ablauf:

- Die Spieler stellen sich in der Mitte der quadratischen Felder auf.
- Der Trainer nennt nacheinander mehrere Zahlen zwischen 1 und 4 (im Beispiel 4 und 1).
- Die Spieler laufen die genannten Zahlen an (A), berühren die Hütchen und ziehen sich sofort in die Mitte zurück, um dann zur nächsten Zahl zu sprinten (B).
- Nach einigen Zahlen nennt der Trainer den Namen eines Spielers (hier 2).
- Dieser Spieler versucht dann so schnell wie möglich, im 1gg1 durch ein benachbartes Quadrat zu laufen (C) und es über die hintere Linie zu verlassen (D).
- Der Spieler im gewählten Quadrat verhindert das Durchlaufen so lange wie möglich.

⚠ Der für die 1gg1 Aktion genannte Spieler darf selbst wählen, welches benachbarte Quadrat er durchläuft.

Handball Praxis 8 – Spielfähigkeit durch Training der Handlungsschnelligkeit
Offene Situationen und komplexe Auswahlreaktionen trainieren

handball-uebungen.de
Trainingseinheiten und Übungen für Ihr Training!

Nr.: 5-4	Angriff / individuell	15	45

Aufbau:

- Es werden 2er-Teams gebildet. Für jedes Team eine Stange und ein umgedrehte kleine Turnkiste aufstellen.
- Neben jede Turnkiste zwei Leibchen in unterschiedlichen Farben (im Bild gelb für die Abwehr und grün für den Angriff) auslegen.

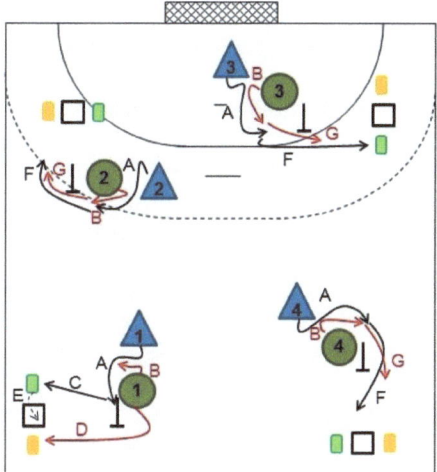

Ablauf:

- Ein Spieler jedes 2er-Teams startet im Angriff, der andere in der Abwehr.
- Auf Kommando starten alle Angreifer gleichzeitig und versuchen, so schnell wie möglich, die Stange zu berühren (A).
- Die Abwehrspieler verhindern dies so lange wie möglich (B).
- Gelingt es einem Angreifer, die Stange zu berühren, startet sofort die Folgeaktion.
- Der Angreifer versucht, das grüne Leibchen in die umgedrehte Turnkiste zu werfen (C und E), bevor der Abwehrspieler das gelbe hineinwirft (D).
- Liegt ein Leibchen in der Kiste, ruft der hineinwerfende Spieler laut STOP.
- Das ist das Signal für die anderen 2er-Gruppen, sofort in die Folgeaktion zu starten und die Leibchen in die Kiste zu werfen (F und G).
- Danach wechseln die beiden Spieler die Aufgaben innerhalb des Teams.
- Nach zwei Runden werden die 2er-Teams gewechselt.

Wertung:

- Für jedes Berühren der Stange bekommt der Angreifer einen Punkt.
- Für jedes Werfen des Leibchens in die Kiste, bekommt der Spieler, der es schneller schafft, einen Punkt.
- Hat der Angreifer die Stange nicht berührt, bevor das STOP-Kommando kommt, bekommt der Abwehrspieler einen Punkt.

Handball Praxis 8 – Spielfähigkeit durch Training der Handlungsschnelligkeit
Offene Situationen und komplexe Auswahlreaktionen trainieren

handball-uebungen.de
Trainingseinheiten und Übungen für Ihr Training!

Nr.: 5-5	Torhüter einwerfen	10	55

Ablauf:

- T1 berührt einen Pfosten (A). Er darf frei wählen, ob er den linken oder rechten Pfosten berührt.

- Berührt T1 den rechten Pfosten, wirft zunächst 1 nach Vorgabe (Hände, hoch, tief) nach links (B) und direkt im Anschluss wirft 2 nach Vorgabe nach rechts (C).

- Berührt T1 den linken Pfosten, wirft zunächst 2 und danach 1.

- Dann berührt T1 wieder einen Pfosten und der Ablauf beginnt erneut mit 3 und 4.

- Sofort nach dem Wurf starten 1 und 2 zur Mittellinie (D und E).

- Der Trainer hebt ein Leibchen hoch (grün für links, gelb für rechts (F)) und T2 passt einen Ball aus der Ballkiste zum entsprechenden Spieler (G).

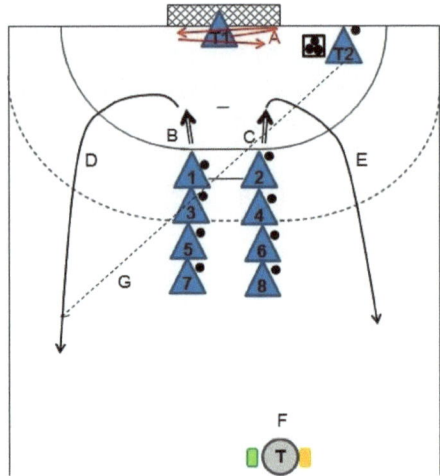

Handball Praxis 8 – Spielfähigkeit durch Training der Handlungsschnelligkeit
Offene Situationen und komplexe Auswahlreaktionen trainieren

handball-uebungen.de
Trainingseinheiten und Übungen für Ihr Training!

Nr.: 5-6	Angriff / Wurfserie	10	65

Aufbau:

- Zwei Matten an der Mittellinie auslegen, links und rechts davon je ein Hütchen am 9-Meter aufstellen.

Ablauf:

- Die beiden Tore werden mit „NORD" beziehungsweise „SÜD" gezeichnet.

- 1 und 2 starten auf der Turnmatte mit Hampelmann-sprüngen und passen sich dabei einen Ball (A).

- Nach einigen Pässen gibt der Trainer das Kommando „NORD" oder „SÜD" (im Beispiel „NORD").

- Der Ballhalter (hier 1) startet sofort nach dem Kommando mit dem Ball auf das genannte Tor (B) und schließt mit Wurf ab (C).

- Der andere Spieler (2) umläuft das Hütchen auf der anderen Seite (D) und startet dann in den Konter auf das genannte Tor (E).

- Inzwischen spielt 3 dem Torhüter im nicht genannten Tor (T2) den Ball (F).

- T2 stellt sich in eine optimale Position (G) für den diagonalen Pass und passt 2 den Ball in den Lauf (H), der mit Wurf abschließt (J).

- Sofort nach dem Kommando des Trainers starten die nächsten beiden Spieler auf den Matten.

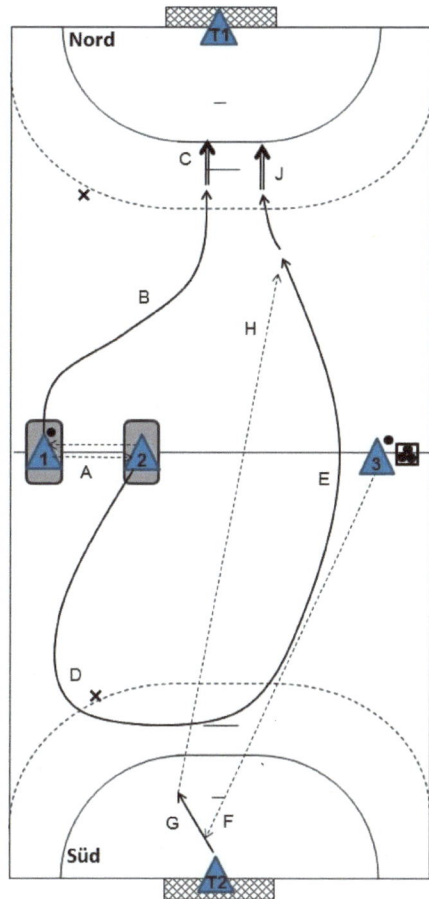

⚠ Die Spieler sollen sofort nach dem Kommando umschalten und in die richtige Richtung starten.

⚠ 3 nach 3-5 Pässen austauschen.

Handball Praxis 8 – Spielfähigkeit durch Training der Handlungsschnelligkeit
Offene Situationen und komplexe Auswahlreaktionen trainieren

handball-uebungen.de
Trainingseinheiten und Übungen für Ihr Training!

Nr.: 5-7	Angriff / Kleingruppe	15	80

Aufbau:

- Das Feld mit Hütchen in drei Längsfelder aufteilen.
- Im linken Drittel zwei Matten, im rechten zwei umgedrehte Turnkisten wie im Bild aufstellen.

Ablauf:

- Es werden 2er-Teams gebildet.
- Im linken Drittel spielen 1 und 2 im 2gg2 gegen 1 und 2.(A und B).
- Ein Punkt wird erzielt, wenn die angreifende Mannschaft den Ball auf der Matte der anderen Mannschaft ablegt (B).
- Nach jedem Ablegen wechselt der Ballbesitz.
- Im rechten Drittel spielen 3 und 4 im 2gg2 gegen 3 und 4 (C und D).
- Ein Punkt wird erzielt, wenn die angreifende Mannschaft den Ball in der Kiste der anderen Mannschaft ablegt.
- Nach jedem Ablegen wechselt der Ballbesitz.
- Nach einiger Zeit gibt der Trainer das Kommando (links oder rechts).
- Das Team, das auf der genannten Seite in Ballbesitz ist (im Bild wurde „rechts" gerufen und 3 und 4 sind im rechten Drittel gerade in Ballbesitz (4) gewesen), startet sofort im mittleren Drittel einen Konter auf das vom Ballhalter entferntere Tor (E, F, G und H).
- Das Team, das im nicht genannten Feld den Ball nicht hat, läuft in die Konterabwehr (J).
- Nach erfolgtem Abschluss wechseln die am Konter beteiligten Teams das Spielfeld (3 und 4 spielen als nächstes an den Matten, 1 und 2 bei den Kisten) und der Ablauf beginnt erneut.
- Welches 2er-Team erzielt am meisten Punkte und Tore?

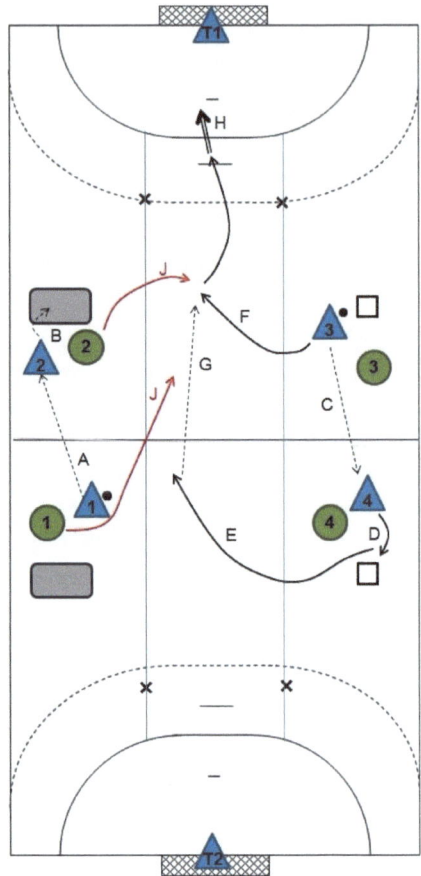

⚠ Die Spieler sollen beim Kommando sofort von der jeweiligen Spielform in den Konter, bzw. die Konterabwehr starten.

Handball Praxis 8 – Spielfähigkeit durch Training der Handlungsschnelligkeit
Offene Situationen und komplexe Auswahlreaktionen trainieren

handball-uebungen.de
Trainingseinheiten und Übungen für Ihr Training!

Nr.: 5-8	Abschlussspiel	10	90

Ablauf:

- An der Mittellinie werden links und rechts zwei umgedrehte kleine Turnkisten aufgestellt.
- Es werden zwei Mannschaften gebildet, die Handball gegeneinander spielen.
- Wirft die angreifende Mannschaft ein Tor, kann die Abwehr das Tor annullieren, indem sie sofort in den Konter startet und den Ball in einer der kleinen Turnkisten an der Mittellinie ablegt, ohne dass der Ballhalter berührt wird.
- Nach der Ablage in der Turnkiste (oder dem unterbundenen Versuch) bekommt die Mannschaft ihren eigenen Angriff auf der anderen Spielfeldhälfte.
- Welches Team erzielt mehr Tore, die nicht durch die Abwehr annulliert werden konnten?

6. Gutschein

Mit diesem Gutscheincode erhalten Sie auf www.handball-uebungen.de die Trainingseinheit "**215 – Auftakthandlung gegen eine 5:1 Abwehr durch Kreuzbewegungen**" kostenlos im Downloadbereich unter „Ihre Downloads" freigeschaltet. Geben Sie bitte bei der Registrierung den folgenden Code im Feld Gutscheincode ein:

Gutscheincode: HP8hs2015

Handball Praxis 8 – Spielfähigkeit durch Training der Handlungsschnelligkeit
Offene Situationen und komplexe Auswahlreaktionen trainieren

handball-uebungen.de
Trainingseinheiten und Übungen für Ihr Training!

7. Über den Autor

JÖRG MADINGER, geboren 1970 in Heidelberg

Juli 2014 (Weiterbildung): 3-tägiger DHB Trainerworkshop "Grundbausteine Torwartschule"
Referenden: Michael Neuhaus, Renate Schubert, Marco Stange, Norbert Potthoff, Olaf Gritz, Andreas Thiel, Henning Fritz

Mai 2014 (Weiterbildung): 3-tägige DHTV/DHB Trainerfortbildung im Rahmen des VELUX EHF FinalFour
Referenden: Jochen Beppler (DHB Trainer), Christian vom Dorff (DHB Schiri), Mark Dragunski (Trainer TuSeM Essen), Klaus-Dieter Petersen (DHB Trainer), Manolo Cadenas (Nationaltrainer Spanien)

Mai 2013 (Weiterbildung): 3-tägige DHTV/DHB Trainerfortbildung im Rahmen des VELUX EHF FinalFour
Referenden: Prof. Dr. Carmen Borggrefe (Uni Stuttgart), Klaus-Dieter Petersen (DHB Trainer), Dr. Georg Froese (Sportpsychologe), Jochen Beppler (DHB Stützpunkttrainer), Carsten Alisch (Nachwuchstrainer Hockey)

seit Juli 2012: Inhaber der DHB A-Lizenz

seit Februar 2011: Vereinsschulungen, Coaching im Trainings- und Wettkampfbetrieb

November 2011: Gründung Handball Fachverlag (handall-uebungen.de, Handball Praxis und Handball Praxis Spezial)

Mai 2009: Gründung der Handball-Plattform handball-uebungen.de

2008-2010: Jugendkoordinator und Jugendtrainer bei der SG Leutershausen

seit 2006: B-Lizenz Trainer

Anmerkung des Autors
1995 überredete mich ein Freund, mit ihm zusammen das Handballtraining einer männlichen D-Jugend zu übernehmen.

Dies war der Beginn meiner Trainertätigkeit. Daraufhin fand ich Gefallen an den Aufgaben eines Trainers und stellte stets hohe Anforderungen an die Art meiner Übungen. Bald reichte mir das Standardrepertoire nicht mehr aus und ich begann, Übungen zu modifizieren und mir eigene Übungen zu überlegen.

Heute trainiere ich mehrere Jugend- und Aktivmannschaften in einem breit gefächerten Leistungsspektrum und richte meine Trainingseinheiten gezielt auf die jeweilige Mannschaft aus.

Seit einigen Jahren vertreibe ich die Übungen über meinen Onlineshop handball-uebungen.de. Da die Tendenz im Handballtraining, vor allem im Jugendbereich, immer mehr in Richtung einer allgemeinen sportlichen Ausbildung mit koordinativen Schwerpunkten geht, eignen sich viele Spiele und Spielformen auch für andere Sportarten.

Lassen Sie sich inspirieren von den verschiedenen Spielideen und bringen Sie auch Ihre eigene Kreativität und Erfahrung ein!

Ihr

Jörg Madinger

Handball Praxis 8 – Spielfähigkeit durch Training der Handlungsschnelligkeit
Offene Situationen und komplexe Auswahlreaktionen trainieren

handball-uebungen.de
Trainingseinheiten und Übungen für Ihr Training!

8. Weitere Fachbücher des Verlags DV Concept

Von A wie Aufwärmen bis Z wie Zielspiel – 75 Übungsformen für jedes Handballtraining

Ein abwechslungsreiches Training erhöht die Motivation und bietet immer wieder neue Anreize, bekannte Bewegungsabläufe zu verbessern und zu präzisieren. In diesem Buch finden Sie Übungen zu allen Bereichen des Handballtrainings vom Aufwärmen über Torhüter einwerfen bis hin zu gängigen Inhalten des Hauptteils und Spielen zum Abschluss, die Sie in ihrem täglichen Training mit Ihrer Handballmannschaft inspirieren sollen. Alle Übungen sind bebildert und in der Ausführung leicht verständlich beschrieben. Spezielle Hinweise erläutern, worauf Sie achten müssen.

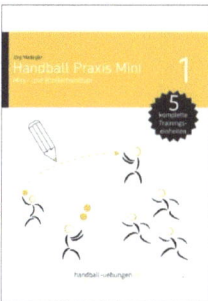

Mini- und Kinderhandball (5 Trainingseinheiten)

Mini- bzw. Kinderhandball unterscheidet sich grundlegend vom Training höherer Altersklassen und erst recht vom Handball in Leistungsbereichen. Bei diesem ersten Kontakt mit der Sportart „Handball" sollen die Kinder an den Umgang mit dem Ball herangeführt werden. Es soll der Spaß an der Bewegung, am Sport treiben, am Spiel miteinander und auch am Wettkampf gegeneinander vermittelt werden.

Das vorliegende Buch führt zunächst kurz in das Thema und die Besonderheiten des Mini- und Kinderhandballs ein und zeigt dabei an einigen Beispielübungen Möglichkeiten auf, das Training interessant und abwechslungsreich zu gestalten.

Passen und Fangen in der Bewegung - 60 Übungsformen für jedes Handballtraining

Passen und Fangen sind zwei Grundtechniken im Handball, die im Training permanent trainiert und verbessert werden müssen. Die vorliegenden 60 praktischen Übungen bieten viele Varianten, um das Passen und Fangen anspruchsvoll und abwechslungsreich zu trainieren. Ein besonderer Fokus liegt dabei darauf, die Sicherheit beim Passen und Fangen auch in der Bewegung mit hoher Dynamik zu verbessern. Deshalb werden die Übungen mit immer neuen Laufwegen und spielnahen Bewegungen gekoppelt.

Effektives Einwerfen der Torhüter - 60 Übungsformen für jedes Handballtraining

Das Einwerfen der Torhüter ist in nahezu jedem Training notwendiger Bestandteil. Die vorliegenden 60 Übungen zum Einwerfen bieten hier verschiedene Ideen, um das Einwerfen sowohl für Torhüter als auch für die Feldspieler anspruchsvoll und abwechslungsreich zu gestalten. Ein besonderer Fokus liegt dabei darauf, schon beim Einwerfen die Dynamik der Spieler zu verbessern.

Handball Praxis 8 – Spielfähigkeit durch Training der Handlungsschnelligkeit
Offene Situationen und komplexe Auswahlreaktionen trainieren

handball-uebungen.de
Trainingseinheiten und Übungen für Ihr Training!

Wettkampfspiele für das tägliche Handballtraining - 60 Übungsformen für jede Altersstufe

Handball lebt von schnellen und richtig getroffenen Entscheidungen in jeder Spielsituation. Dies kann im Training spielerisch und abwechslungsreich durch handballnahe Spiele trainiert werden. Die vorliegenden 60 Übungsformen sind in sieben Kategorien unterteilt und schulen die Spielfähigkeit.

Folgende Kategorie beinhaltet das Buch: Parteiball-Varianten, Mannschaftsspiele auf verschiedene Ziele, Fangspiele, Sprint- und Staffelspiele, Wurf- und Balltransportspiele, Sportartübergreifende Spiele, Komplexe Spielformen für das Abschlussspiel.

Abwechslungsreiches Wurftraining im Handball - 60 Übungsformen für jede Altersstufe

Der Wurf ist ein zentraler Baustein des Handballspiels, der durch regelmäßiges Training immer wieder erprobt und verbessert werden muss. Deshalb ist es immer wieder sinnvoll, Wurfserien im Training durchzuführen. Die vorliegende Übungssammlung bietet 60 verständliche, leicht nachzuvollziehende praktische Übungen zu diesem Thema, die in jedes Training integriert werden können.

Die Übungen sind in sechs Kategorien und drei Schwierigkeitsstufen unterteilt: Technik, Wurfübungen auf feste Ziele, Wurfserien mit Torwurf, Positionsspezifisches Wurftraining, Komplexe Wurfserien, Wurfwettkämpfe.

Taschenbücher aus der Reihe Handball Praxis

Handball Praxis 1 – Handballspezifische Ausdauer

Handball Praxis 2 – Grundbewegungen in der Abwehr

Handball Praxis 3 – Erarbeiten von Auslösehandlungen und Weiterspielmöglichkeiten

Handball Praxis 4 – Intensives Abwehrtraining im Handball

Handball Praxis 5 – Abwehrsysteme erfolgreich überwinden

Handball Praxis 6 – Grundlagentraining für E- und D- Jugendliche

Handball Praxis 7 – Handballspezifisches Ausdauertraining im Stadion und in der Halle

Handball Praxis 8 – Spielfähigkeit durch Training der Handlungsschnelligkeit

Handball Praxis 9 – Grundlagentraining im Angriff für die Altersstufe 9-12 Jahre

Handball Praxis Spezial 1 – Schritt für Schritt zur 3-2-1 Abwehr

Handball Praxis Spezial 2 – Schritt für Schritt zum erfolgreichen Angriffskonzept gegen eine 6-0 Abwehr

Weitere Handball Fachbücher und eBooks unter: www.handball-uebungen.de

www.ingramcontent.com/pod-product-compliance
Lightning Source LLC
Chambersburg PA
CBHW042130080426
42735CB00001B/26